100 RECEITAS INCRÍVEIS DE OMELETA

Receitas fáceis e deliciosas de omelete para tornar o seu dia

Lorena Costela

Índice

INTRODUÇÃO

Uma omelete é uma preparação culinária feita de ovos inteiros que foram batidos e cozidos em uma panela (sautée). NÃO é uma simples omelete dobrada ou enrolada sobre si mesma, mas sim uma preparação com uma forma e consistência muito distintas (diferente entre o exterior e o coração do alimento).

A receita original da omelete é francesa, como o nome indica.

A ingestão nutricional da omelete varia de acordo com a formulação; na prática, a omelete pode ser composta por: ovos, ingredientes de origem animal, vegetais e gorduras do tempero. A digestibilidade varia muito de uma preparação para outra, embora (em média), esse método de cozimento seja considerado um dos melhores.

RECEITAS DE OMELETA

1. Omelete de páprica com ervas

- Preparação: 10 minutos
- cozinhando em 20 minutos
- porções 2 ingredientes

- 4 ovos
- sal
- pimenta

- 2 punhados de ervas mistas (por exemplo, manjericão, salsa, tomilho, endro)
- 100 g de grão de bico (copo; peso escorrido)
- 1 pimentão vermelho ou pimentão verde
- 1 pimentão amarelo
- 2 colheres de azeite
- 75 g de pecorino ou outro queijo duro

Etapas de preparação

1. Bata os ovos, tempere com sal e pimenta e bata bem. Lave as ervas, seque e pique ao meio. Adicione as ervas picadas à mistura de ovos.
2. Escorra o grão de bico, lave e escorra bem. Limpe, lave, corte ao meio e corte os pimentões em tiras. Aqueça 1 colher de sopa de azeite em uma panela, adicione o grão de bico e as tiras de páprica e frite em fogo médio por 3-5 minutos, virando. Sal e pimenta e reserve. Rale finamente o pecorino.
3. Aqueça ½ colher de sopa de azeite em outra panela pequena. Adicione metade da mistura de ovos e cubra todo o fundo da panela. Cubra e deixe em fogo baixo por cerca de 5-7 minutos. Coloque metade dos legumes e metade do queijo em um lado da omelete.

Dobre a omelete e coloque em um prato. Faça o mesmo para a segunda omelete.

4. Arranque grosseiramente as ervas restantes e distribua nas omeletes. Sirva imediatamente.

2. Fritada de alho-poró

- Preparação: 15 minutos
- cozinhando em 25 minutos
- porções 4 ingredientes

- $\frac{1}{2}$ cebolinha picada
- 1 punhado de ervas frescas (por exemplo, endro, salsa, coentro)
- 2 colheres de azeite
- 8 ovos
- 50ml de natas batidas
- 20g de parmesão (1 unidade)
- sal

- pimenta
- 50 gr de rúcula

Etapas de preparação

1. Limpe e lave as cebolinhas e corte em tiras diagonais. Lave as ervas, seque, retire e pique grosseiramente.
2. Aqueça o óleo em uma panela grande antiaderente (ou duas panelas pequenas) e refogue as cebolinhas em 3-4 minutos até ficarem translúcidas. Rale finamente o parmesão. Bata os ovos com o creme de leite, as ervas e o parmesão. Tempere com sal e pimenta. Despeje sobre as cebolinhas, misture rapidamente e deixe em fogo baixo por aprox. 10 minutos (não mexa mais). Quando a parte de baixo estiver dourada, corte em 4 pedaços usando uma espátula. Asse no segundo lado por 2-3 minutos até dourar.
3. Lave a rúcula e seque. Sirva a fritada coberta com rúcula e polvilhada com parmesão, se quiser.

3. Omelete com cogumelos e cheddar

- Preparação: 25 minutos
- porções 4 ingredientes

- 300 g de cogumelos marrons
- 1 chalota
- 2 colheres de azeite
- sal
- pimenta
- 8 ovos
- 100 ml de leite (3,5% de gordura)
- 1 pitada de açafrão em pó
- 90 queijos cheddar (3 fatias)

- 10 g cerefólio (0,5 molho)

Etapas de preparação

1. Limpe os cogumelos e corte-os em fatias. Descasque e pique as chalotas finamente. Aqueça 1 colher de sopa de azeite em uma panela. Adicione os cogumelos e as chalotas e refogue por 3-4 minutos em fogo médio. Tempere com sal e pimenta, retire da panela e reserve.
2. Bata os ovos com o leite. Tempere com 1 pitada de açafrão, sal e pimenta. Pincele uma frigideira untada com um pouco de óleo, adicione 1/4 da mistura de ovos e agite para distribuir uniformemente. Cubra com 1/4 dos cogumelos fritos. Cozinhe a omelete em fogo médio por 2-3 minutos e deixe dourar levemente.
3. Corte 1/4 do cheddar em pedaços, cubra a omelete com ele, retire da panela e mantenha aquecido no forno pré-aquecido a 80 ° C. Usando o restante da mistura de ovos, os cogumelos restantes e o cheddar, leve ao

forno 3 mais omeletes da mesma forma e mantenha-os aquecidos.

4. Lave o cerefólio, seque e arranque as folhas. Decore as omeletes com pontas de pimenta e cerefólio e sirva.

4. Omelete de queijo com ervas

- Preparação: 5 minutos
- cozinhando em 20 minutos
- porções 4 ingredientes

- 3 talos de cerefólio
- 3 talos de manjericão
- 20g de parmesão
- 1 chalota
- 8 ovos

- 2 colheres de sopa de queijo creme
- 1 colher de manteiga
- 150 gr de queijo de ovelha
- sal
- pimenta

Etapas de preparação

1. Lave o cerefólio e o manjericão, sacuda e pique grosseiramente. Rale o parmesão. Descasque e pique finamente a chalota. Bata os ovos com o crème fraiche, parmesão, cerefólio e metade do manjericão.
2. Derreta a manteiga numa frigideira antiaderente, frite a chalota, deite os ovos e desfaça o queijo feta por cima. Asse em forno pré-aquecido a 200° por cerca de 10 minutos até dourar.
3. Retire do forno, tempere com sal, pimenta e sirva polvilhado com o restante manjericão.

5. Omelete de tomate e bacon com queijo feta

- Preparação: 15 minutos
- porções 2 ingredientes

- 8 tomates cereja
- 1 pimenta vermelha
- 50 g de bacon de pequeno-almoço em fatias finas
- 5 ovos
- 100 ml de leite sem lactose 1,5% gordura
- sal
- pimenta

- 100 g de queijo minas
- 2 colheres de manteiga
- 1 punhado de manjericão

Etapas de preparação

1. Lave e corte os tomates ao meio. Lave a malagueta, corte-a ao meio, tire o miolo e corte-a em tiras bem estreitas. Corte o bacon em tiras de cerca de 4 cm de largura. Bata os ovos com o leite, tempere com sal e pimenta. Seque o queijo do pastor e corte-o em cubos.
2. Frite metade do bacon em uma frigideira antiaderente, adicione 1 colher de chá de manteiga e derreta. Despeje metade da mistura de ovos sobre ele e, ainda macio, adicione metade dos tomates e tiras de pimenta. Polvilhe com metade da quantidade de queijo e manjericão e deixe o ovo endurecer.
3. Deslize a omelete para um prato e sirva.
4. Processe os ingredientes restantes em uma segunda omelete.

6. Omelete de painço com nectarinas

- Preparação: 20 minutos
- cozinhando em 40 minutos
- porções 2 ingredientes

- 40 g de milho
- 2 ovos (m)
- 10 g de açúcar de cana integral (2 colheres de chá)
- 1 pitada de sal
- 150 g de iogurte de baunilha (3,5% de gordura)
- 2 colheres de sopa de polpa de pêssego
- 250 g de nectarina (2 nectarinas)

- 2 colheres de óleo de girassol

Etapas de preparação

1. Ferva 75 ml de água, polvilhe o milho e mexa. Reduza o fogo imediatamente e cozinhe o painço coberto em fogo baixo por 7 minutos, mexendo bem várias vezes. Retire a panela do fogo e tampe os grãos por mais 12 minutos. Deixe esfriar.
2. Coloque os ovos, o açúcar e uma pitada de sal em uma tigela e bata com um batedor. Misture o milho resfriado.
3. Coloque o iogurte de baunilha e a polpa de pêssego em uma tigela e mexa até ficar homogêneo.
4. Lave as nectarinas, seque, corte ao meio e pedra. Corte a polpa em fatias finas.
5. Aqueça o óleo em uma panela revestida. Despeje a massa de milho e leve ao forno por cerca de 4 minutos em fogo médio. Vire a omelete e asse o outro lado por 4-5 minutos até dourar.
6. Disponha a omelete de painço com iogurte de pêssego e gomos de nectarina e sirva.

7. Omeletes com massa e mix de legumes

- Preparação: 30 minutos
- cozinhar em 1 hora
- porções 4 ingredientes

- 150 g de ervilha congelada
- 1 pimentão vermelho
- 150 g de milho (peso escorrido; comida enlatada)
- 350 g de penne integral
- sal
- 1 chalota

- 1 dente de alho
- azeite
- 20g de parmesão (1 unidade)
- 5 g de salsa (0,25 molho)
- 100 ml de leite (3,5% de gordura)
- 50ml de natas batidas

Etapas de preparação

1. Descongele as ervilhas. Lave os pimentões, corte-os ao meio, retire as sementes e as paredes internas brancas e corte em tiras pequenas e estreitas. Despeje o milho em uma peneira, lave em água fria e escorra bem.
2. Cozinhe a massa em água fervente com sal de acordo com as instruções da embalagem, escorra, lave com água fria e escorra bem.
3. Descasque e pique finamente a cebola e o alho. Aqueça 2 colheres de sopa de óleo em uma panela alta e refratária e refogue a cebola e o alho em fogo médio até ficarem translúcidos. Adicione os legumes, refogue rapidamente e misture na massa. Rale finamente o parmesão. Lave a salsa, seque e

pique grosseiramente. Bata os ovos com o leite, o creme de leite e o queijo, tempere com sal e pimenta, misture a salsinha e despeje sobre a massa.
Deixe endurecer brevemente e asse em forno pré-aquecido a 200 ° C por 10 a 15 minutos até o final. Retire, desenforme e sirva cortado em pedaços.

8. Omelete de espinafre e queijo com salmão

- Preparação: 20 minutos
- cozinhando em 45 minutos
- porções 2 ingredientes

- 1 cebola pequena
- 200 g de filé de salmão
- 200g de mussarela
- 200 gr de espinafre
- 5 ovos
- 2 colheres de leite

- 1 colher de manteiga
- sal
- pimenta

Etapas de preparação

1. Descasque as cebolas e corte-as em pedaços finos. Lave o salmão, seque e pique ou corte em cubos. Corte a mussarela em fatias. Lave o espinafre e seque.
2. Bata os ovos e o leite em uma tigela. Aqueça a manteiga em uma frigideira antiaderente e refogue a cebola em fogo médio por 2 minutos. Despeje os ovos, tempere com sal e pimenta e cubra com espinafre, salmão e mussarela.
3. Asse tudo em forno pré-aquecido a 180 ° C por cerca de 20-25 minutos, até que o ovo esteja cozido e a mistura esteja firme.

9. Omelete recheado

- Preparação: 20 minutos
- cozinhando em 35 minutos
- porções 4 ingredientes

- 40 g de rúcula (1 punhado)
- 300 gr de tomate cereja
- 10 g de cebolinha (0,5 molho)
- 8 ovos
- 4 colheres de sopa de água mineral gaseificada
- sal

- pimenta
- noz-moscada
- 4 colheres de óleo de girassol
- 150 g de requeijão cremoso

Etapas de preparação

1. Lave o foguete e seque. Lave os tomates e corte ao meio. Lave a cebolinha, seque e corte em rolinhos.
2. Bata os ovos com a água e a cebolinha e tempere com sal, pimenta e noz-moscada ralada na hora.
3. Aqueça 1 colher de chá de óleo de girassol em uma panela antiaderente e adicione 1/4 do leite de ovo. Frite por 2 minutos em fogo médio, vire e termine de cozinhar em mais 2 minutos. Retire e mantenha quente no forno pré-aquecido a 80°C. Asse mais 3 omeletes desta forma.
4. Coloque as omeletes em 4 pratos e recheie com cream cheese, tomate e rúcula. Tempere com sal e pimenta e envolva.

10. Omeletes com abobrinha

- Preparação: 25 minutos
- porções 4 ingredientes

- 10 ovos
- 50 ml de bebida de aveia (leite de aveia)
- 2 colheres de sopa de manjericão fresco cortado
- sal

- pimenta
- 2 abobrinhas
- 250 gr de tomate cereja
- 2 colheres de azeite

Etapas de preparação

1. Bata os ovos com a bebida de aveia e manjericão. Tempere com sal e pimenta.
2. Lave, limpe e corte a abobrinha em pedaços. Lave e corte os tomates ao meio. Misture os legumes frouxamente, tempere com sal, pimenta e refogue 1/4 minutos cada um em um pouco de óleo quente. Despeje 1/4 dos ovos sobre cada um, misture e frite por 4-5 minutos até dourar e deixe descansar. Asse todas as 4 omeletes desta forma e sirva.

11. Omelete com salmão e pepino

- Preparação: 10 minutos
- cozinhando em 22 minutos
- porções 4 ingredientes

- 120 g de fatias de salmão fumado
- ½ pepino
- 3 talos de salsa
- 10 ovos
- 50ml de natas batidas

- sal
- pimenta
- 4 colheres de óleo de colza

Etapas de preparação

1. Corte o salmão em tiras. Lave, limpe e corte o pepino. Lave a salsa, seque e pique finamente.
2. Bata os ovos com as natas e 2 colheres de sopa de salsa. Tempere com sal e pimenta.
3. Despeje 1 colher de chá de óleo em uma panela quente e revestida. Despeje 1/4 do ovo e deixe descansar lentamente por 2-3 minutos em fogo médio. Dobre e coloque em um prato com algumas fatias de pepino.
4. Asse as quatro omeletes desta forma, cubra com o salmão e sirva polvilhado com a restante salsa.

12. Omelete de cogumelos com tomate

- Preparação: 20 minutos
- porções 4 ingredientes

- 1 cebolinha
- 100 gr de cogumelos
- 1 tomate pequeno
- 1 colher de óleo de colza
- sal
- pimenta
- 1 ovo (tamanho l)

- 1 colher de sopa de água mineral gaseificada
- 45 g de torrada integral (1,5 fatia) Passos de preparação

1. Lave e limpe as cebolinhas e corte em anéis finos. Limpe os cogumelos, limpe com um pincel e corte em fatias.
2. Lave o tomate, retire o talo e corte em rodelas.
3. Aqueça o óleo em uma panela revestida. Frite as cebolinhas e os cogumelos em fogo médio. Sal e pimenta e continue a fritar por 3-4 minutos, virando frequentemente em fogo médio.
4. Coloque o ovo com uma pitada de sal e água mineral em uma tigela pequena e bata com um batedor.
5. Despeje o ovo batido sobre os legumes na panela e coloque por 3-4 minutos.
6. Enquanto isso, torre o pão e cubra com fatias de tomate. Deslize a omelete da forma sobre o pão e sirva.

13. Fritada de presunto e rúcula

- Preparação: 20 minutos
- cozinhando em 35 minutos
- porções 4 ingredientes

- 90 g de presunto cru (6 fatias)
- 80 g de rúcula (1 molho)
- 20g de parmesão (1 unidade)
- 10 ovos
- 200 ml de leite (1,5% gordura)
- sal
- pimenta

- 50g de creme de leite

5g de manteiga (1 colher de chá)

Etapas de preparação

1. Quarto as fatias de presunto. Lave o foguete e seque. Rale o parmesão e reserve 1 colher de chá.
2. Bata os ovos com o leite e tempere com sal e pimenta. Junte o creme de leite e o parmesão.
3. Aqueça a manteiga em uma panela grande refratária. Adicione 1/3 da mistura de ovos e cubra com metade do presunto e rúcula. Coloque mais 1/3 da mistura de ovos por cima, cubra com o restante presunto e rúcula e finalize com a mistura de ovos restante.
4. Deixe a fritada descansar em forno pré-aquecido a 200 ° C por cerca de 12 a 15 minutos.
5. Corte a fritada em pedaços, divida por 4 pratos e polvilhe com o restante do parmesão que você reservou.

□

14. Quiche de queijo de cabra de abobrinha

- Preparação: 30 minutos
- cozinhando em 50 min
- porções 4 ingredientes

- 2 abobrinhas
- 8 ovos
- 150 ml de natas batidas com pelo menos 30% de gordura
- sal
- pimenta do moinho
  noz-moscada

- 2 colheres de azeite
- 1 dente de alho
- 150 g de queijo de cabra

Etapas de preparação

1. Pré-aqueça o forno a 200 ° C calor superior e inferior. Lave e limpe a abobrinha e corte em fatias finas. Bata os ovos com as natas e tempere com sal, pimenta e noz-moscada.
2. Aqueça o óleo em uma panela e frite as fatias de abobrinha, virando de vez em quando. Descasque e esprema o alho. Despeje o creme de ovos, distribua uniformemente e deixe descansar brevemente.
3. Corte o queijo de cabra ao meio no sentido do comprimento e corte em fatias finas. Espalhe sobre a fritada e leve ao forno pré-aquecido por cerca de 10 minutos até dourar. Sirva cortado em pedaços.

□

15. Tortilha de pimentão e batata

- Preparação: 30 minutos
- cozinhando em 45 minutos
- porções 4 ingredientes

- 700 g de batata farinhenta
- sal
- 1 pimentão vermelho
- 2 tomates
- 1 cebola
- 1 dente de alho
- 2 colheres de azeite

pimenta

- 8 ovos

- 4 colheres de sopa de leite (1,5% de gordura)
- 2 ramos de tomilho
- 20g de parmesão (1 unidade)

Etapas de preparação

1. Lave as batatas e cozinhe em água fervente com sal por cerca de 20 minutos.
2. Entretanto, lave e limpe os pimentos e corte-os em tiras. Lave os tomates e corte em gomos. Descasque a cebola e o alho e pique finamente.
3. Escorra as batatas, deixe-as evaporar, descasque-as e corte-as em pedaços pequenos.
4. Aqueça o azeite em uma frigideira antiaderente. Frite os cubos de batata nele em fogo médio por cerca de 5 minutos, mexendo ocasionalmente. Adicione a páprica, a cebola e o alho, tempere com sal e pimenta e frite por mais 2 minutos. Com cuidado, misture as rodelas de tomate.
5. Bata os ovos e o leite, tempere com sal, pimenta e despeje na panela. Espalhe o leite de ovo uniformemente virando e inclinando

□

levemente a panela e deixe endurecer por 2 minutos. Assar

em forno pré-aquecido a 180°C por cerca de 15 minutos.

6. Entretanto, lave o tomilho, seque e arranque as folhas. Fatie o parmesão.

   Polvilhe ambos sobre a tortilha.

16. Omelete Caprese

- Tempo total: 5 minutos
- Porções 2

Ingredientes

- 2 colheres de azeite
- Seis ovos
- 100g de tomates cereja cortados ao meio ou tomates cortados em rodelas
- 1 colher de sopa de manjericão fresco ou manjericão seco
- 150g (325ml) de queijo mussarela fresco
- sal e pimenta

Preparações

1. Para misturar, quebre os ovos em uma tigela e adicione sal a gosto e pimenta preta. Com um garfo, bata bem até que tudo esteja completamente misturado.
2. Adicione o manjericão, depois mexa. Corte em metades ou rodelas dos tomates. Pique o queijo ou fatie. Em uma frigideira grande, aqueça o azeite.
3. Por alguns minutos, frite os tomates. Despeje sobre os tomates com a mistura de ovos. Espere e acrescente o queijo até ficar um pouco firme. Abaixe o fogo e deixe endurecer a omelete. Sirva imediatamente e delicie-se!

17. Omelete de Queijo Keto

- Tempo total: 15 minutos,
- Porções 2

Ingredientes

- 75g de manteiga
- Seis ovos
- 200 g de queijo cheddar ralado
- Sal e pimenta preta moída a gosto

Preparações

1. Bata os ovos até ficarem macios e levemente espumosos. Adicione metade do queijo

cheddar ralado e misture. Sal e pimenta a gosto.

2. Derreta a manteiga em uma panela quente. Despeje a mistura de ovos e deixe descansar por alguns minutos. Abaixe o fogo e continue cozinhando até que a mistura de ovos esteja quase pronta.
3. Adicione o queijo ralado restante. Dobre e sirva imediatamente. Dê sabor à sua criação com ervas, legumes picados ou até mesmo molho mexicano.
4. E não hesite em cozinhar a tortilha com azeite ou óleo de coco para ter um perfil de sabor diferente.

18. Omelete de Café da Manhã

- Tempo Total: 10,
- Porções: 2 Ingredientes:

- 2 ovos
- 3 claras de ovo
- 1 colher de água
- 1/2 colher de chá de azeite
- 1/4 colher de chá de sal
- $\frac{1}{4}$ colher de chá de pimenta do reino Preparação:

1. Bata os ovos, as claras, o sal, a pimenta e a água em uma tigela até espumar.

2. Aqueça metade do azeite em uma frigideira em fogo médio. Despeje metade da mistura de ovos.
3. Cozinhe por alguns minutos, levantando as bordas com uma espátula de vez em quando. Dobre ao meio.
4. Abaixe o fogo e continue cozinhando por um minuto. Repita o processo para o restante da mistura de ovos.

19. Omelete de queijo com ervas

- tempo total 20 minutos,
- porções 4 ingredientes

- 3 talos de cerefólio
- 3 talos de manjericão
- 20g de parmesão
- 1 chalota
- 8 ovos
- 2 colheres de sopa de queijo creme
- 1 colher de manteiga
- 150 gr de queijo de ovelha
- sal

- pimenta

Etapas de preparação

1. Lave o cerefólio e o manjericão, sacuda e pique grosseiramente. Rale o parmesão. Descasque e pique finamente a chalota.
2. Bata os ovos com o crème fraiche, parmesão, cerefólio e metade do manjericão. Derreta a manteiga numa frigideira antiaderente, frite a chalota, deite os ovos e desfaça o queijo feta por cima.
3. Asse em forno pré-aquecido a 200°C por cerca de 10 minutos até dourar. Retire do forno, tempere com sal, pimenta e sirva polvilhado com o restante manjericão.

20. Omelete de queijo

- Tempo total 30 minutos,
- servindo 4 ingredientes

- 10 ovos
- 50ml de natas batidas
- 100 g de emmental ralado
- sal
- Pimenta branca
- 250 gr gorgonzola
- 4 colheres de sopa de óleo vegetal Passos de preparação

1. Bata os ovos com as natas e o Emmental. Tempere com um pouco de sal e pimenta.

2. Pique o Gorgonzola e reserve. Aqueça 1 colher de sopa de óleo em uma panela e adicione cerca de 1/4 da mistura de ovos.
3. Deixe em temperatura baixa por 2 minutos, depois coloque 1/4 do Gorgonzola no meio e dobre a omelete à direita e à esquerda.
4. Frite por mais 2 minutos, até que o
   O gorgonzola é líquido e a omelete é dourada.
   Asse todas as 4 omeletes assim e sirva.

21. Fritada com presunto e queijo feta

- Preparação: 20 minutos
- cozinhando em 34 minutos
- porções 4 ingredientes

- 8 ovos
- 600g
- batatas cozidas
- 1 alho-poró
- 100 g de presunto cozido
- 1 pimentão vermelho
- 75 g de pecorino ralado
- sal

pimenta do moinho
2 colheres de azeite

Etapas de preparação

1. Pré-aqueça o forno a 180 ° C forno ventilador.
2. Bata os ovos. Descasque as batatas e corte em cubos pequenos. Lave e limpe o alho-poró e corte em anéis finos. Corte o presunto em tiras finas. Lave, corte ao meio, tire o caroço e pique os pimentões. Misture os ovos com o pecorino, as batatas, o alho-poró, o pimentão e o presunto. Tempere com sal e pimenta. Aqueça o óleo em uma panela refratária, adicione a mistura de ovos, frite por 1-2 minutos e asse no forno por cerca de 12 minutos até dourar.

□

□

22. Tortilha com espinafre

- Preparação: 25 minutos
- cozinhando em 40 minutos
- porções 4 ingredientes

- 350 g de folhas de espinafre
- sal
- 1 pimentão vermelho
- 1 cebola vegetal
- 2 dentes de alho
- 50 g de miolo de amêndoa
- 5 ovos
- 100 ml de água mineral pimenta noz-moscada
- 15 g de ghee (manteiga clarificada; 1 colher de sopa)

Etapas de preparação

1. Lave o espinafre, seque e escalde em água fervente com sal por 1 minuto. Despeje, sacie com frio, esprema bem.
2. Lave, limpe e pique o pimentão.
3. Descasque a cebola e o alho e pique finamente. Pique grosseiramente as amêndoas.
4. Bata os ovos com a água mineral, tempere com sal, pimenta e noz-moscada ralada na hora.
5. Derreta o ghee em uma panela alta e refratária. Refogue a cebola e o alho em fogo médio por 1-2 minutos até ficarem translúcidos. Adicione a páprica e o espinafre e despeje a mistura de ovos sobre eles. Adicione as amêndoas e deixe descansar por 2 minutos.
6. Asse a tortilha em forno pré-aquecido a 200 ° C por 10 a 15 minutos até dourar.
7. Retire e sirva cortado em pedaços.

□

□

23. Omelete com cebola e azeitonas

- Preparação: 20 minutos
- porções 4 ingredientes

- 5 ovos grandes
- 5 colheres de leite
- sal
- pimenta moída na hora
- 2 colheres de parmesão ralado
- 2 colheres de manjericão picado
- 4 colheres de sopa de azeitonas sem caroço bem picadas

1 cebola vermelha

2 colheres de sopa de azeite

Etapas de preparação

1. Misture os ovos com o leite, sal, pimenta, parmesão e manjericão. Descasque a cebola e corte em tiras finas.
2. Aqueça suavemente o azeite em uma panela grande. Frite delicadamente as cebolas e as azeitonas nele. Sal e pimenta. Despeje os ovos e distribua-os uniformemente na panela. Deixe em fogo brando. Vire a omelete e deixe o outro lado endurecer também. Sirva enrolado e morno.

□

□

24. Tortilha de batata espanhola

- Preparação: 45 minutos
- porções 6 ingredientes
- 800 g principalmente de batatas cerosas
- 2 cebolinhas
- 1 dente de alho
- 3 colheres de sopa de ervilhas (congeladas)
- 8 ovos
- sal
- Pimenta-caiena

- óleo vegetal para fritar

Etapas de preparação

1. Descasque as batatas e corte em rodelas de 3 mm de espessura. Limpe e lave as cebolinhas e corte em anéis oblíquos com o verde delicado. Descasque o alho e corte em tiras finas.
2. Em uma panela refratária com borda alta, aqueça o óleo a uma altura de 2-3 cm. Está quente o suficiente quando as bolhas sobem do cabo de uma colher de pau que você segura nele.
3. Esfregue as batatas com um pano de cozinha e coloque no óleo quente. Frite em fogo médio por 7-8 minutos, virando de vez em quando.
4. Enquanto isso, bata os ovos levemente em uma tigela grande, mas não os bata até ficarem espumosos, e tempere com uma pitada forte de sal e pimenta caiena cada.
5. Adicione as cebolinhas e, se quiser, o alho às batatas e frite por 2 minutos. Escorra as batatas por uma peneira, recolhendo o óleo (pode ser reutilizado), escorra bem e tempere com sal.
6. Aqueça 2 colheres de sopa do óleo coletado na panela. Misture as batatas e as ervilhas com os ovos batidos, despeje a mistura na

óleo e frite em fogo alto por 2 minutos. Retire do fogo, cubra com papel alumínio e leve ao forno pré-aquecido a 200°C por aprox. 25-30 minutos, até que todo o ovo esteja cozido.

7. Servir quente.

25. Omelete recheado com queijo feta

- Preparação: 40 minutos
- porções 2 ingredientes

- 1 chalota
- 4 ovos
- sal
- pimenta do moedor
- 4 colheres de sopa de queijo creme
- 2 colheres de mostarda
- 2 colheres de suco de limão
- 2 colheres de manjericão bem picado
- 2 colheres de manteiga

- 100g
- queijo feta
- manjericão

Etapas de preparação

1. Descasque e pique finamente a chalota. Ovos separados. Bata as claras com uma pitada de sal até ficarem firmes. Bata as gemas com 2 colheres de sopa de creme fraiche, mostarda, suco de limão e manjericão picado. Tempere com sal e pimenta, dobre as claras em neve.
2. Derreta metade da manteiga em uma frigideira antiaderente. Adicione metade da cebola e refogue. Adicione metade da mistura de omelete e cozinhe por 6-8 minutos até que a parte de baixo fique dourada e a superfície engrosse enquanto cobre a panela. Em seguida, retire a panela do fogão.
3. Espalhe 1 colher de sopa de creme fraiche na omelete e cubra com metade do queijo feta esfarelado, tempere com sal e pimenta e dobre a omelete com a ajuda de uma espátula.
4. Asse a segunda omelete da mesma maneira (possivelmente em uma segunda panela).
5. Coloque as omeletes nos pratos e sirva decorado com manjericão.

26. Salada de cuscuz com morangos

- Preparação: 35 minutos
- porções 4 ingredientes

- 250 g de cuscuz integral (instantâneo)
- 40 gr de passas
- sal
- 150 g de tofu sedoso
- 1 colher de sopa de bebida de soja (leite de soja)
- 1 colher de fermento em flocos
- 1 colher de farinha de grão de bico
- 1 colher de tahine
- 1 pitada de cúrcuma
- 4 colheres de azeite
- 150 gr morangos

- 40 g de rúcula (1 punhado)
- 1 haste de hortelã
- 2 colheres de sopa de suco de limão
- 1 colher de mel
- pimenta
- 1 colher de sopa de amêndoas em lascas

Etapas de preparação

1. Misture o cuscuz com as passas e cozinhe em água e sal de acordo com as instruções da embalagem.
2. Enquanto isso, para as tiras de omelete, misture o tofu sedoso em uma tigela com a bebida de soja, flocos de fermento, farinha de grão de bico, pasta de tahine, açafrão e uma pitada de sal. Aqueça 1 colher de sopa de óleo em uma panela, adicione a mistura e frite em fogo médio por cerca de 1-2 minutos até dourar. Vire e frite por mais 1-2 minutos até dourar. Retire da panela, deixe esfriar um pouco e corte em tiras finas.
3. Lave, limpe e corte os morangos. Lave e limpe a rúcula, seque e corte em pedaços pequenos. Lave a hortelã, seque e retire as folhas.
4. Para o molho, misture o suco de limão com o mel e o óleo restante e tempere com sal e

pimenta. Afofe o cuscuz com um garfo e misture com o molho.

5. Espalhe o cuscuz em uma travessa, cubra com os morangos e a rúcula, a omelete e a hortelã. Polvilhe com amêndoas.

27. Omelete de algas

- Preparação: 15 minutos
- cozinhando em 20 minutos
- porções 4 ingredientes

- 12 ovos
- 50 ml de leite (3,5% de gordura)
- sal
- pimenta do moinho
- 1 colher de manteiga
- 2 folhas de alga nori Passos de preparação

1. Bata os ovos com o leite e tempere com sal e pimenta. Frite um total de 4 omeletes muito finas uma após a outra. Para fazer isso, aqueça um pouco de manteiga em uma panela untada. Adicione um quarto da mistura de ovo e leite e frite por 2-3 minutos em fogo médio. Use o restante da mistura de ovo e leite também.
2. Espalhe película aderente sobre a superfície de trabalho e coloque as omeletes por cima, ligeiramente sobrepostas, formando um retângulo. Corte as folhas de alga no tamanho certo com uma tesoura e cubra as omeletes com elas. Cubra com película aderente, pressione ligeiramente e deixe repousar durante 5 minutos.
3. Retire a tampa e enrole as omeletes de algas firmemente em um rolo usando o papel alumínio. Corte as aparas de algas restantes em tiras finas. Corte o rolo de omelete de algas em fatias, distribua em pratos e decore com tiras de algas.

28. Omelete com espinafre e aspargos

- Preparação: 45 minutos
- porções 4 ingredientes

- 250 g de aspargos verdes
- ½ limão orgânico
- 2 colheres de azeite
- 100ml de caldo de legumes
- sal
- pimenta
- 125 g de folhas de espinafre fresco
- 8 ovos
- 150 ml de leite (1,5% de gordura)

- 20 g de parmesão (1 peça; 30% de gordura na matéria seca)
- 200 g de pão integral (4 fatias)

Etapas de preparação

1. Descasque os aspargos no terço inferior e corte as pontas lenhosas. Lave a metade do limão com água quente, seque, esfregue a casca e esprema o suco.
2. Aqueça o óleo em uma panela. Refogue os aspargos em fogo médio por 2-3 minutos. Regue com o suco de limão e o caldo, tempere com sal e pimenta e cozinhe em fogo baixo por 5 minutos até ficar al dente. Em seguida, retire a tampa da panela e deixe o líquido evaporar.
3. Enquanto isso, limpe e lave o espinafre e seque. Bata os ovos com o leite.

Tempere com sal, pimenta e raspas de limão.

4. Pincele uma assadeira untada com 1/2 colher de chá de óleo. Adicione 1/4 da mistura de ovos e agite para distribuir uniformemente. Cubra com 1/4 dos aspargos e espinafre. Cozinhe a omelete em fogo médio por 5 a 6 minutos e deixe dourar levemente. Mantenha aquecido no forno pré-aquecido a 80°C.

5. Asse mais 3 omeletes do restante da mistura de ovos da mesma maneira e mantenha-as aquecidas. Rale finamente o parmesão. Dobre as omeletes, polvilhe com queijo e sirva com o pão.

29. Omelete de bacon

- Preparação: 30 minutos
- cozinhando em 45 minutos
- porções 4 ingredientes

- 150 g de bacon de pequeno-almoço
- 8 ovos
- 8 colheres de leite
- manteiga para fritar

□

□

- 1 colher de sopa de salsa fresca picada 1 colher de sopa de rolinhos de cebolinho pimenta do moinho

Etapas de preparação

1. Corte o bacon em tiras largas, deixe em uma panela quente, frite até ficar crocante, retire e escorra em papel toalha.
2. Abra 2 ovos cada em uma tigela e misture bem com 2 colheres de sopa de leite com um batedor. Pincele uma frigideira quente com um pouco de manteiga e despeje a mistura de ovos. Mexa em fogo baixo com uma espátula até que o ovo comece a engrossar. Se estiver úmido e brilhante na superfície, cubra com um pouco de bacon, polvilhe com salsa e cebolinha, pimenta, dobre e sirva.

30. Tortilha de abobrinha e pimenta

- Preparação: 30 minutos
- cozinhando em 50 min
- porções 4 ingredientes

- 1 abobrinha
- sal
- 2 pimentões vermelhos
- 2 cebolinhas
- 1 punhado de manjericão

1 dente de alho

-
-

2 colheres de sopa de azeite

pimenta do moinho

- 6 ovos
- 4 colheres de creme de leite
- 50 g de queijo fresco ralado

Etapas de preparação

1. Pré-aqueça o forno a 200 ° C calor superior
2. Lave e limpe a abobrinha, corte longitudinalmente e transversalmente em palitos. Sal e deixe a água em infusão por cerca de 10 minutos. Em seguida, seque. Lave os pimentos, corte-os ao meio, limpe-os e pique-os. Lave e limpe as cebolinhas e corte diagonalmente em anéis. Lave o manjericão, seque e pique grosseiramente as folhas. Descasque o alho e corte em tiras finas. Refogue com páprica e cebolinha em óleo quente em uma panela grande por 1-2 minutos. Adicione os palitos de abobrinha e refogue por 1-2 minutos. Tempere com sal e pimenta. Polvilhe com manjericão. Bata os ovos com o creme de leite e despeje sobre os legumes. Deixe cozer brevemente e polvilhe com o

-
-

□

queijo. Asse no forno por 10-15 minutos até dourar e deixe endurecer.

31. Omelete italiano com ervilhas

- Preparação: 30 minutos
- cozinhando em 55 min
- porções 4 ingredientes

- 1 chalota
- 1 alho
- 40 g de rúcula (0,5 molho)
- 500 g de ervilha congelada
- 7 ovos
- 150 ml de natas batidas sal pimenta
  1 colher de azeite

Etapas de preparação

1. Descasque e pique finamente a cebola e o alho. Lave a rúcula, classifique e seque. Deixe as ervilhas descongelarem.
2. Bata os ovos numa tigela e bata-os grosseiramente com as natas, temperando com sal e pimenta. Aqueça o azeite em uma frigideira antiaderente e frite a cebola e o alho em fogo médio até ficarem translúcidos. Junte as ervilhas e refogue brevemente. Adicione os ovos e deixe-os definir brevemente. Coloque a assadeira no forno pré-aquecido a 200 ° Pode assar por 15-20 minutos até dourar. Retire e sirva, corte em pedaços e guarneça com rúcula.

□

□

32. Omelete de batata à espanhola

- Preparação: 40 min
- porções 4 ingredientes

- 600 g de batatas 1 pimento vermelho
- 1 pimentão amarelo
- 1 pimentão verde
- 1 pimenta malagueta bem picadinha
- 200 gr de espinafre
- 8 ovos

  1 cebola

  2 dentes de alho

  azeite
- sal

- pimenta do moinho

Etapas de preparação

1. Descasque e pique as batatas. Frite lentamente em uma panela grande com bastante azeite por aprox. 15 minutos, virando de vez em quando. Você não deve tomar tinta.
2. Enquanto isso, lave, corte ao meio, limpe e pique os pimentões.
3. Descasque a cebola e o alho e pique finamente.
4. Lave, limpe e escalde rapidamente o espinafre em água fervente com sal. Aqueça, esprema e pique.
5. Retire as batatas da panela e retire o excesso de óleo. Apenas refogue a cebola, o alho, a pimenta, o espinafre e a páprica em um pouco de óleo, retire. Bata os ovos, misture com os legumes fritos, tempere com sal, pimenta e adicione à panela. Deixe-o definir lentamente por cerca de 5-6 minutos. Em seguida, vire a tortilha com a ajuda de um prato e frite o outro lado até dourar. Sirva frio ou morno, cortado em pedaços.

□

□

33. Omelete de queijo

- Preparação: 15 minutos
- cozinhando em 22 minutos
- servindo 1 ingredientes

- 3 ovos
- 2 colheres de natas batidas
- sal pimenta do moinho
- 1 cebolinha
- 1 pimenta vermelha pontiaguda
- 1 colher de manteiga
- 2 colheres de sopa de queijo ralado zb cheddar Passos de preparo

1. Pré-aqueça o forno a 220 ° C calor superior. Misture os ovos com as natas e tempere com sal e pimenta. Lave e limpe as cebolinhas e corte em anéis finos. Lave os pimentos, corte-os ao meio, limpe-os e pique-os.
2. Coloque a manteiga em uma panela quente e despeje o ovo. Polvilhe com as cebolinhas e os pimentões e deixe descansar por 1-2 minutos e asse até dourar. Enrole e polvilhe com queijo. Leve ao forno por cerca de 5 minutos até dourar.

34. Omelete de tomate com queijo de ovelha

- Preparação: 20 minutos

- porções 4 ingredientes

- 8 ovos
- 100ml de natas batidas
- 3 tomates
- 1 colher de manteiga
- 200 g de queijo feta em cubos
- sal
- pimenta do moinho
- noz-moscada recém ralada
- 2 colheres de sopa de manjericão picado para a guarnição Passos de preparação

1. Bata os ovos com as natas e tempere com sal, pimenta e noz-moscada. a
2. Lave e corte os tomates em quartos, retire as sementes e corte-os em cubos pequenos. Refogue levemente na manteiga quente, adicione os cubos de queijo feta e despeje sobre os ovos. Mexa até que a omelete comece a estagnar. Em seguida, tampe e deixe em fogo baixo por cerca de 2 minutos. Corte a omelete em quatro e disponha nos pratos. Sirva polvilhado com manjericão.

35. Omelete com queijo feta e legumes

- Preparação: 30 minutos
- cozinhando em 55 min
- porções 4 ingredientes

- lata de milho 200g
- 1 albergue
- 2 abobrinhas
- 300 gr de tomate cereja
- 1 dente de alho
- 4 colheres de azeite
- sal
- pimenta do moinho
- 1 colher de chá de orégano seco
- 7 ovos

- 100ml de leite
- 200 g de feta
- manjericão para decorar

Etapas de preparação

1. Lave e limpe os legumes. Escorra o milho sobre uma peneira. Lave e limpe o berinjela e a abobrinha e corte em palitos. Lave e corte também os tomates. Descasque o alho e pique em tiras finas. Aqueça 2 colheres de sopa em uma panela, frite o alho, berinjela, abobrinha e milho, continue fritando por cerca de 4 minutos, mexendo. Em seguida, adicione os tomates. Tempere a mistura de legumes com sal, pimenta, orégano e vinagre e retire do fogão.
2. Bata os ovos com o leite, sal e pimenta. Aqueça o restante do azeite em uma panela. Despeje 1/4 da mistura de ovos e deixe fluir uniformemente, virando e inclinando levemente a panela. Frite até dourar dos dois lados. Coloque uma omelete em cada prato, cubra metade com a mistura de vegetais, dobre e polvilhe com flocos de queijo feta. Sirva decorado com manjericão.

36. Fritada com abobrinha

- Preparação: 10 minutos
- cozinhar em 28 minutos
- porções 4 ingredientes

- 2 abobrinhas
- 1 dente de alho
- 1 colher de sopa de tomilho fresco picado
- 2 colheres de azeite
- sal
- pimenta do moinho
- 5 ovos
- 50ml de natas batidas
- 50 g de parmesão ralado Passos de preparo

1. Lave, limpe e corte a abobrinha. Descasque o alho e pique em tiras finas. Misture a abobrinha com folhas de tomilho e alho e frite em óleo quente em uma panela por 2-3 minutos, tempere com sal e pimenta. Despeje o líquido resultante.
2. Bata os ovos com o creme de leite, tempere com sal e pimenta, despeje sobre a abobrinha e tampe e deixe descansar por 8-10 minutos em fogo baixo. Em seguida, vire a fritada com a ajuda de um prato grande, polvilhe com o parmesão e cubra e leve ao forno por 3-5 minutos.
3. Corte em quadradinhos pequenos para servir.

37. Omeletes com alho-poró e bacon

- Preparação: 50 minutos
- porções 4 ingredientes

- 150 gr de farinha
- 2 ovos
- 250ml de leite
- 2 colheres de óleo
- óleo para fritar
- Para o recheio
- 75 g de gouda ralado
- 500 g de alho-poró branco e verde claro, lavado e limpo

- 75 g de bacon de pequeno-almoço em cubos finos
- sal
- pimenta do moinho
- 4 colheres de sopa de queijo creme

Etapas de preparação

1. Misture a farinha com o ovo, o leite, o óleo e o sal para a massa e deixe de molho por aprox. 30 minutos. Em seguida, misture 25 g de queijo Gouda.
2. Corte o alho-poró em anéis finos. Frite o bacon em uma panela, adicione o alho-poró e cozinhe tampado por aprox. 8-12 minutos. Tempere a gosto com sal, pimenta e creme fraiche,
3. Frite 4 omeletes da massa no óleo, recheie com a mistura de alho-poró, polvilhe com o queijo restante e dobre.
4. Asse no forno a 220 ° C por aprox. 5 minutos, sirva quente.

38. Omelete de manga

- Preparação: 45 minutos
- porções 4 ingredientes

- 2 mangas maduras
- 1 limão orgânico
- 2 colheres de açúcar
- 8 ovos
- sal
- 4 colheres de farinha
- manteiga

Etapas de preparação

1. Descasque as mangas, corte a polpa do caroço dos dois lados e corte em fatias finas. Esfregue as raspas do limão e esprema o suco.
2. Separe os ovos e bata as claras em castelo. Misture as gemas com o açúcar, as raspas de limão, uma boa pitada de sal e a farinha até obter um creme. Junte as claras com o batedor.
3. Enquanto isso, aqueça um pouco de manteiga em uma frigideira pequena. Despeje a massa na panela com uma concha pequena (por exemplo, colher de molho) e cubra as fatias de manga. Coloque uma tampa e frite por cerca de 2-3 minutos em fogo baixo até dourar, vire uma vez e frite por cerca de 1 minuto, depois retire e mantenha aquecido. Asse 8 omeletes pequenas uma após a outra

39. Tortilha de pimentão e batata

- Preparação: 35 min coque em 1 h 35 min
- porções 4 ingredientes

- 700 g de batatas predominantemente cerosas
- sal
- 3 pimentões vermelhos
- 1 cebola vegetal
- 2 dentes de alho
- 6 ovos
- 200 ml de natas batidas com pelo menos 30% de gordura
- 300ml de leite
- 100 g de parmesão fresco ralado

- pimenta do moinho
- noz-moscada
- 2 colheres de óleo vegetal
- gordura para a forma

Etapas de preparação

1. Lave as batatas e cozinhe em água fervente com sal por 20-25 minutos. Escorra, lave com água fria, descasque e deixe esfriar. Pré-aqueça o forno a 180 ° C calor superior e inferior.
2. Lave os pimentos, corte-os ao meio, retire o miolo, corte-os ao meio na horizontal e corte em tiras largas. Em seguida, descasque e pique finamente a cebola e o alho.
3. Bata os ovos com as natas, o leite e o queijo e tempere com sal, pimenta e noz-moscada. Corte as batatas em fatias de 0,5 cm de espessura e frite-as em uma panela quente com óleo até dourar. Adicione a cebola e os cubos de alho, frite brevemente e coloque em uma assadeira untada com as tiras de pimentão.
4. Despeje o creme de ovos sobre ele até que tudo esteja bem coberto e leve ao forno pré-aquecido por 30-35 minutos até dourar.

Retire, retire da forma, corte em cubos de 4x4 cm e sirva com um palito de madeira.

40. Omeletes com abobrinha

- Preparação: 25 minutos
- porções 4 ingredientes

- 10 ovos
- 50 ml de bebida de aveia (leite de aveia)
- 2 colheres de sopa de manjericão fresco cortado
- sal
- pimenta
- 2 abobrinhas
- 250 gr de tomate cereja
- 2 colheres de azeite

Etapas de preparação

1. Bata os ovos com a bebida de aveia e manjericão. Tempere com sal e pimenta.
2. Lave, limpe e corte a abobrinha em pedaços. Lave e corte os tomates ao meio. Misture os legumes frouxamente, tempere com sal, pimenta e refogue 1/4 minutos cada um em um pouco de óleo quente. Despeje 1/4 dos ovos sobre cada um, misture e frite por 4-5 minutos até dourar e deixe descansar. Asse todas as 4 omeletes desta forma e sirva.

41. Omeletes com legumes, croutons e tofu

- preparação 30 minutos
- porções 2

Ingredientes:

- 250 g de tofu sedoso
- 6 tomates
- 4 fatias de pão de trigo
- 2 pimentões vermelhos
- 2 colheres de manteiga clarificada
- 1 colher de sopa de queijo parmesão ralado fino
- um punhado de cebolinha verde

- sal
- Pimenta preta da terra
- preparação de salsa verde:

1. Lave todos os legumes e verduras e escorra-os da água. Corte os tomates em pedaços pequenos. Retire as sementes da pimenta e corte-a em cubos pequenos. Pique a cebolinha e a salsa verde finamente. Quebre os ovos em uma xícara, misture-os com uma pitada de sal, pimenta e queijo parmesão ralado e despeje-os em uma frigideira quente sem gordura. Frite tudo dos dois lados até que os ovos estejam completamente cozidos. Em seguida, retire da panela e coloque em um prato.
2. Corte o tofu em cubos e doure-os levemente em 1 colher de sopa de manteiga clarificada em uma panela. Depois de dourar, retire da panela e coloque sobre a omelete em um prato. Em seguida, adicione legumes picados e polvilhe tudo com cebolinha picada e salsa verde. Em seguida, doure as fatias de pão de trigo na manteiga clarificada restante na panela, retire-as e adicione-as ao prato.

42. Lanche com presunto e omelete

- preparação até 30 minutos
- porções 2

Ingredientes:

- 200 g de presunto fatiado
- 4 ovos
- 2 colheres de leite
- 1 colher de farinha de trigo
- sal
- Pimenta preta da terra
- cabeça de preparação de alface desgrenhada:

1. Divida a alface em folhas, lave-as bem, escorra-as da água e coloque-as em uma travessa. Quebre os ovos em uma xícara, adicione a farinha, uma pitada de sal e pimenta, adicione o leite e bata tudo com um garfo.
2. Em seguida, despeje em uma frigideira quente sem gordura e frite dos dois lados até que os ovos estejam completamente sólidos, depois retire do fogo. Coloque a omelete frita em fatias de presunto, enrole-a em rolinhos, coloque-a sobre as folhas de alface e prenda-a com palitos pequenos.

43. Omelete de legumes

- preparação: 30-60 minutos
- porções 2 Ingredientes:

- 6 ovos
- 1 pimentão vermelho
- 1 pimentão verde
- 1 cebola roxa
- 1 brócolis
- 1 colher de farinha de trigo
- 0,5 xícaras de leite 2%
- sal

□

preparação de pimenta preta moída:

1. Lave todos os legumes e escorra-os da água. Retire as sementes dos pimentões vermelho e verde e corte em pedaços pequenos. Descasque a cebola roxa e corte-a em fatias finas.
2. Divida os brócolis em buquês, coloque-os em uma panela, despeje água levemente salgada para que eles não fiquem salientes e cozinhe-os até ficarem macios. Depois de ferver o brócolis, escorra.
3. Em seguida, bata os ovos em um copo, despeje o leite neles, adicione a farinha, uma pitada de sal e pimenta e bata-os bem com um batedor, em seguida, despeje-os em um prato resistente ao calor.
4. Adicione todos os legumes previamente picados e os brócolis cozidos. Coloque tudo em um forno pré-aquecido a 175°C e asse até que os legumes estejam macios.
5. Depois de assado, retire do forno e deixe esfriar um pouco.

44. Omeletes com Frutas

- preparação: até 30 minutos
- porções 2 Ingredientes:

- 6 ovos
- 1 colher de chá de farinha de trigo
- 0,5 xícaras de leite 2%
- sal
- um monte de cebolinha

FRUTA:

6 bananas

- 1 xícara de preparação de mirtilos:

□

1. Lave as bananas e bagas e escorra da água. Retire as pontas das bananas, descasque-as, corte a polpa em rodelas finas e coloque num prato.

Prepare uma omelete:

2. quebre os ovos em um copo, despeje o leite neles, adicione a farinha, uma pitada de sal e cebolinha picada. Misture tudo bem com um garfo, depois despeje em uma frigideira quente sem gordura e frite em fogo médio até que os ovos estejam completamente cozidos. Em seguida, retire do fogo e adicione as bananas no prato. Polvilhe tudo com mirtilos.

45. Omelete de berinjela

- preparação até 30 minutos
- porções 2 Ingredientes:

- 4 ovos
- 4 colheres de óleo
- 2 berinjelas
- 2 tomates
- 2 dentes de alho
- 2 limões
- 1 cebola
- sal

preparação de pimenta preta

moída:

1. Lave os legumes e escorra a água. Berinjela cortada em fatias de 1 cm de espessura. Corte os tomates em pedaços pequenos. Descasque as cebolas com o alho da pele e pique finamente. Quebre os ovos em uma tigela e bata-os com um garfo com uma pitada de sal e pimenta preta moída. Coloque as berinjelas fatiadas em uma frigideira quente com 1 colher de sopa de óleo e frite-as em fogo médio até dourar. Em seguida, retire-os do fogo e retire-lhes a pele. Adicione os tomates

picados, a cebola e o alho aos ovos batidos e misture bem. Em seguida, aqueça o óleo restante em uma panela e adicione as berinjelas fritas sem pele. Despeje tudo sobre a mistura de ovos e legumes. Frite tudo dos dois lados até dourar, e depois de fritar, retire do fogo e coloque em um prato.

46. Omelete com ostras

- preparação 30-60 minutos
- porções 4

Ingredientes:

- 300 g de ostras congeladas
- 200 ml de molho de pimenta
- 3 colheres de óleo
- 2 dentes de alho
- 2 folhas de bananeira
- 5 ovos
- 0,5 xícaras de leite 2%
- salsa verde

sal

- preparação de pimenta preta moída:

1. Lave a salsa verde e as folhas de bananeira e escorra a água. Coloque as folhas de bananeira em um prato. Descongele as ostras, corte as cascas e retire as partes não comestíveis. Em seguida, retire o alho da pele, pique-o finamente e frite-o em óleo quente em uma panela.
2. Adicione as ostras cortadas em pedaços ao alho vidrado. Frite-os em fogo médio até ficarem levemente dourados. Em seguida, bata os ovos em um copo, bata-os com um garfo com leite, uma pitada de sal, pimenta preta moída e despeje-os nas ostras fritas. Misture tudo bem e frite até que os ovos estejam completamente firmes. Em seguida, tire tudo do fogo e coloque em uma folha de

□

bananeira em um prato. Polvilhe o prato acabado com salsa verde e sirva junto com o molho de pimenta.

47. Arroz com omelete, bacon e chicória

- preparação 30-60 minutos
- porções 4

Ingredientes:

- 25 g de fatias de bacon defumado
- 3 ovos
- 3 colheres de óleo

- 1 xícara de arroz pegajoso
- 1 poro pequeno
- 1 chicória vermelha
- 1 colher de leite

  1 colher de farinha de trigo
- sal
- pimenta

preparação:

1. Lave os legumes e escorra a água. Em seguida, corte o alho-poró em pedaços pequenos.
2. Corte a chicória em fatias finas. Deixe as quatro fatias de bacon inteiras e pique o restante. Lave o arroz em água corrente, despeje em uma panela, despeje dois copos de água levemente salgada, ferva e evapore.
3. Quebre os ovos em uma tigela, despeje o leite neles, adicione a farinha, uma pitada de sal e pimenta e bata com um garfo. Despeje os ingredientes batidos em 1 colher de sopa de óleo quente em uma frigideira e frite até ficar firme.
4. Em seguida, retire-os do fogo, pique-os em pedaços pequenos e misture com o arroz cozido.

□

5. Em seguida, aqueça o azeite restante em uma panela, adicione o bacon picado e o alho-poró, tempere com temperos a gosto e frite até que a carne fique dourada.
6. Em seguida, adicione a mistura de arroz e omelete, misture novamente e frite, tampado, por mais um minuto.
7. Passado este tempo, retire tudo do lume e coloque num prato, juntando as restantes fatias de bacon. Polvilhe tudo com chicória picada.

48. Omelete com feijão e presunto

Ingredientes:

- 30 g de feijão verde
- 25 g de presunto serrano fatiado
- 3 colheres de azeite
- 2 dentes de alho
- 2 colheres de maionese
- 1 colher de chá de pimenta-do-reino doce moída
- 1 pimenta malagueta defumada
- um punhado de cebolinha, sal
- pimenta
- sal

Para a omelete:

- 4 ovos
- 2 colheres de leite
- 1 colher de sopa de preparação de

farinha de trigo:

1. Lave os legumes e escorra a água. Pique a cebolinha finamente. Retire as sementes da pimenta defumada e pique em pedaços pequenos. Retire as pontas dos grãos, coloque-os em uma panela, despeje 1 litro de água levemente salgada, cozinhe até ficar macio e escorra. Descasque o alho da pele, corte em cubos pequenos e frite em 2 colheres de sopa de azeite quente em uma panela. Adicione ao alho vitrificado os pimentões picados finamente defumados, as fatias de presunto e as vagens previamente cozidas. Frite, coberto, por 1,5 minutos em fogo médio.
2. Em seguida, prepare a omelete: coloque os ovos em uma panela, despeje o leite neles, adicione a farinha, uma pitada de sal, pimenta e bata tudo bem com um garfo. Despeje os ingredientes batidos sobre os ingredientes fritos na panela. Frite tudo até cortar os ovos.

Pronto para ser retirado do fogo e colocado no prato.

3. Polvilhe tudo com cebolinha picada.

49. rocambole de omelete

Ingredientes:

- 6 ovos
- 5 colheres de natas 12%
- 2 colheres de farinha
- 15 gramas de manteiga
- requeijão de ervas
- ervilhas verdes
- milho em conserva
- 20 gramas de queijo ralado

- endro verde ou salsa
- sal
- pimenta

preparação:

1. Bata os ovos com o queijo ralado, as natas e a farinha. Adicione sal. Derreta a manteiga em uma panela e despeje a massa batida. Frite em fogo alto dos dois lados, alavancando o fundo com uma espátula para evitar que queime. Coloque a omelete pronta em um prato, pincele com queijo cottage, polvilhe com ervilhas, milho, pimenta, endro picado ou salsa. Enrole e depois corte em fatias grossas. Sirva quente.

50. Omelete de porco

- preparação até 30 minutos
- porções 2

Ingredientes:

- 300 g de carne de porco moída
- 4 ovos
- 2 colheres de óleo
- 2 colheres de chá de molho de soja escuro
- 2 tomates
- 1 cebola
- 1 pepino verde

- sal
- preparação de pimenta preta moída:

2. Lave os tomates e os pepinos e escorra da água. Descasque o pepino, corte-o com o tomate em fatias finas e coloque em um prato. Descasque a cebola, pique-a finamente e refogue em óleo quente em uma panela. Após a vitrificação, adicione a carne picada, despeje o molho de soja, mexa e frite até a carne ficar mais escura. Em seguida, bata os ovos em uma xícara, bata-os com um garfo com uma pitada de sal e pimenta e despeje-os sobre a carne frita com cebola. Frite tudo até dourar em fogo médio dos dois lados. Depois de fritar, retire do fogo e coloque em um prato com legumes picados.

51. Omelete de arroz e carne

- preparação até 30 minutos
- porções 2

Ingredientes:

- 350 g de carne moída e suína
- 200 g de arroz integral
- 150 g de milho em salmoura
- 4 ovos
- 3 colheres de óleo
- 2 colheres de ketchup picante
- 1 cebola
- 0,5 xícaras de leite 2%
- sal

- preparação de pimenta preta (moída):

1. Retire o milho da salmoura. Lave o arroz em água corrente, despeje em uma panela, despeje 4 xícaras de água levemente salgada e cozinhe até soltar.
2. Depois de cozinhar, evapore. Descasque a cebola, pique-a finamente e refogue em óleo quente em uma panela. Junte a carne picada à cebola vitrificada, tempere a gosto com uma pitada de sal, pimenta moída, misture bem e frite até ficar mais escura. Em seguida, adicione o arroz previamente cozido e o milho escorrido da salmoura. Misture tudo bem e frite por mais 3 minutos em fogo médio, retire do fogo e coloque em um prato.
3. Em seguida, quebre os ovos em um copo, despeje o leite neles, adicione uma pitada de sal e bata bem com um garfo. Depois de bater, despeje-os em uma frigideira quente sem gordura e cozinhe até ficarem firmes. Em seguida, retire-os da panela e adicione ao prato. Despeje o ketchup picante sobre tudo.

52. Omelete de couve-flor

- preparação até 30 minutos
- porções 2 Ingredientes:

- 6 ovos
- 2 colheres de sopa de queijo gouda ralado
- 2 colheres de manteiga
- 0,5 xícaras de leite 2%
- 1 couve-flor grande
- sal
- preparação de pimenta preta moída:

1. Lave a couve-flor, corte-a em buquês, coloque-os em uma panela, adicione 1,5 litros de água levemente salgada e cozinhe até ficar macio.
2. Depois de cozinhar a couve-flor, escorra-a e coloque-a na manteiga quente em uma panela. Em seguida, adicione os ovos em uma xícara, adicione o queijo Gouda ralado, uma pitada de sal e pimenta, despeje o leite, bata bem os garfos e despeje a couve-flor inteira na panela.
3. Frite tudo até dourar e sirva a omelete pronta quente.

53. omelete com ricota e queijo parmesão

Ingredientes:

- 200 g de ricota 2 colheres de manteiga
- um punhado de manjericão fresco
- sal
- omelete de pimenta moída na hora:

- 5 ovos
- 1 colher de farinha de trigo
- 1 colher de sopa de queijo parmesão ralado
- 1 colher de leite

1. Lave o manjericão e escorra a água. Derreta a manteiga em uma panela quente. Adicione o queijo ricota à manteiga derretida e frite por 1 minuto em fogo médio.

Prepare uma omelete:

2. quebre os ovos em uma xícara e adicione a farinha, o parmesão ralado e uma pitada de sal. Em seguida, misture bem os ingredientes na caneca com um garfo e despeje-os nos ingredientes fritos na panela. Frite tudo, coberto, até que os ovos estejam firmes. Em seguida, retire tudo do fogo, decore com manjericão e polvilhe com pimenta moída na hora.

preparação:

54. Omelete de batata

- preparação 30-60 minutos
- porções 4 Ingredientes:

- 6 ovos
- 500 gr de batatas
- 2 colheres de manteiga
- 2 colheres de leite 2%
- 1 cebola
- 0,5 colheres de chá de especiarias de batata
- sal
- pimenta

3. Esfregue bem as batatas em água corrente, coloque-as em uma panela, despeje água para que não fiquem salientes e cozinhe em suas cascas até ficarem macias. Após o cozimento, escorra e corte em fatias finas. Em seguida, quebre os ovos em um copo, despeje o leite neles, adicione uma pitada de sal e pimenta e bata-os com um garfo. Descasque a cebola, corte-a em cubos pequenos e doure-a na manteiga quente em uma panela. Adicione as batatas picadas à cebola dourada, polvilhe-as com uma pitada de sal, pimenta, tempero de batata e frite por 40 segundos em fogo médio. Despeje os ovos previamente batidos nos ingredientes fritos, misture e frite até ficar firme. Depois tire tudo do fogo.

preparação:

55. omelete com queijo e molho de soja

Ingredientes:

- 15 g de queijo parmesão ralado
- 4 ovos
- 2 colheres de leite
- 2 colheres de farinha de trigo
- 2 colheres de sopa de molho de soja escuro
- 0,5 colheres de chá de sal
- 0,5 colheres de chá de pimenta preta moída
- salsa verde

1. Lave a salsa verde, escorra a água e pique finamente. Coloque os ovos em uma panela, adicione farinha, sal e pimenta a eles, despeje o leite neles e misture tudo com um mixer até a consistência de creme espesso. Despeje os ingredientes misturados com uma colher em uma frigideira quente sem gordura e frite dos dois lados em fogo médio até dourar levemente.
2. Em seguida, retire do fogo, polvilhe com queijo parmesão ralado, enrole e leve novamente ao fogo médio. Frite, coberto, até o queijo derreter. Em seguida, retire do fogo, divida em porções e coloque em um prato. Em seguida, polvilhe tudo com molho de soja e polvilhe com salsa verde picadinha.

preparação:

56. Rocambole de peru, omelete e espinafre

Ingredientes:

- 4 peitos de peru
- 250 g de espinafre congelado
- 4 colheres de óleo
- 2 colheres de ketchup picante
- 1 cebola
- 0,5 colheres de chá de noz-moscada ralada
- sal
- pimenta

Para a omelete:

- 4 ovos

- 2 colheres de leite
- 1 colher de sopa de preparação de

farinha de trigo:

1. Lave os peitos de peru, escorra a água, esmague-os com um pilão, coloque-os no tabuleiro de pastelaria, pincele com ketchup picante de um lado e polvilhe com sal e pimenta.

Prepare uma omelete.

2. Bata os ovos em uma tigela e misture com a farinha e o leite. Coloque os ingredientes batidos em uma panela quente sem gordura e frite dos dois lados em fogo médio até os ovos ficarem firmes.
3. Em seguida, retire do fogo e coloque sobre os peitos de peru revestidos com ketchup. Descasque a cebola, corte em cubos pequenos e frite em 2 colheres de sopa de óleo quente em uma panela.
4. Descongele o espinafre e adicione à cebola vitrificada. Tempere os ingredientes a gosto com uma pitada de sal e pimenta, adicione a noz-moscada ralada, mexa e cozinhe, tampado, por 2 minutos em fogo médio.

Passado este tempo, retire do lume e junte aos ingredientes com a carne.

5. Em seguida, enrole tudo, amarre com barbante, coloque em uma assadeira e regue com 2 colheres de sopa do restante do azeite. Coloque tudo em um forno pré-aquecido a 175°C e asse até que a carne fique macia.

57. Omelete com bacon, batatas e aspargos

- preparação até 30 minutos
- porções 2

Ingredientes:

- 30 g de aspargos verdes
- 20 b de bacon defumado
- 4 colheres de óleo
- 4 batatas
- 4 ovos
- 2 colheres de leite
- 2 colheres de creme de leite
- 0,5 colheres de chá de pimenta vermelha moída

- sal
- preparação da pimenta:

1. Lave os aspargos e escorra-os da água. Coloque os aspargos em uma panela, adicione 3 xícaras de água levemente salgada, cozinhe até ficar macio e escorra.
2. Esfregue bem as batatas em água corrente, despeje 1 litro de água sobre elas, cozinhe-as em suas cascas até ficarem macias, escorra e corte em fatias finas. Quebre os ovos em uma panela e bata-os com um batedor com leite, uma pitada de sal e pimenta.
3. Despeje em uma frigideira quente sem gordura e frite em fogo médio até ficar firme. Em seguida, retire do fogo e coloque em um prato. Aqueça o azeite em uma panela e adicione as batatas previamente cozidas.
4. Frite-os até ficarem dourados, retire-os do lume e coloque-os sobre a omelete frita. Corte o bacon em cubos e doure-o em uma frigideira quente sem gordura. Adicione os aspargos cozidos ao bacon dourado e cozinhe por 1, 5 minutos em fogo médio. Retire os ingredientes fritos do fogo e adicione ao todo com o creme de leite. Polvilhe tudo com pimenta vermelha moída.

58. Omelete com croutons e brotos de feijão

Ingredientes:

- 5 g de broto de feijão mungo
- 4 ovos
- 4 fatias de pão torrado
- 3 colheres de óleo
- 2 dentes de alho
- 2 colheres de água
- um monte de cebolinha
- sal
- pimenta

preparação:

1. Os brotos de feijão escaldam 1 xícara de água fervente e escorra o excesso de água. Lave a cebolinha, escorra a água e corte em pedaços. Corte o pão torrado em cubos grandes.
2. Descasque o alho da pele, pique-o finamente e refogue em óleo quente em uma panela. Adicione o pão torrado e a cebolinha ao alho vitrificado e frite até que os ingredientes estejam dourados.
3. Em seguida, coloque os ovos em uma panela, despeje água neles, adicione uma pitada de sal e pimenta e despeje no inteiro.
4. Frite tudo até cortar os ovos. Em seguida, adicione os brotos de feijão previamente escaldados e frite, tampado, por 40 segundos. Retire o prato acabado do fogo e coloque-o em um prato.

59. Omelete com brócolis, presunto e croutons

- preparação até 30 minutos
- porções 4

Ingredientes:

- 15 g de presunto defumado
- 4 ovos
- 2 colheres de óleo
- 2 colheres de leite
- 1 brócolis
- 1 cebola
- 1 baguete pequena
- pimenta
- sal

preparação:

1. Lave o brócolis, divida-o em floretes, adicione 1 litro de água levemente salgada, ferva até ficar macio e escorra.
2. Descasque a cebola da pele, pique-a e frite em 1 colher de sopa de óleo quente em uma panela.
3. Corte o presunto em cubos, acrescente a cebola vitrificada e doure. Em seguida, bata os ovos com o leite em uma panela e despeje sobre os ingredientes fritos. Adicione o brócolis previamente cozido, polvilhe com uma pitada de sal e pimenta e frite até os ovos ficarem macios.
4. Pronto para ser retirado do fogo e colocado em um prato. Corte a baguete em fatias finas, doure no azeite restante dos dois lados e adicione ao prato.

60. Costeleta de porco com omelete, arroz e milho

- preparação até 30 minutos
- porções 2

Ingredientes:

- 200 g de milho em salmoura
- 6 colheres de óleo
- 4 ovos
- 4 costeletas de porco com osso
- 2 colheres de ketchup picante
- 2 dentes de alho
- 1 colher de farinha
- 1 colher de leite

- 1 xícara de arroz integral
- sal
- pimenta

preparação:

1. Lave a carne, escorra a água e divida-a em porções. Lave o arroz integral em água corrente, despeje 2 copos de água levemente salgada sobre ele e cozinhe até que a água evapore completamente.
2. Em seguida, descasque o alho da pele, pique-o finamente e refogue em 2 colheres de sopa de óleo quente em uma panela. Adicione o milho escorrido do picles e o arroz previamente cozido ao alho vidrado.
3. Tempere os ingredientes a gosto com uma pitada de sal e pimenta e frite por 1,5 minutos em fogo médio. Retire os fritos do fogo e coloque em um prato.
4. Quebre os ovos em uma panela, adicione a farinha, despeje o leite, polvilhe com uma pitada de sal e agite tudo bem com um batedor.
5. Despeje os ovos batidos em uma frigideira quente sem gordura e frite até ficar firme. Em seguida, retire do fogo e adicione aos

ingredientes no prato. Polvilhe as costeletas de porco com pimenta e sal e frite de ambos os lados no óleo quente restante na panela.

6. Escorra os fritos da gordura e adicione ao prato. Despeje o ketchup picante sobre tudo.

61. Omelete francesa

Ingredientes:

- 15 g tártaro sera Gruyère
- 2 colheres de manteiga
- um monte de cebolinha
- pimenta
- preparação do sal:

1. Lave as cebolinhas e escorra-as da água. Coloque os ovos em uma panela, polvilhe com uma pitada de sal e pimenta e bata bem com um batedor. Aqueça a manteiga em uma frigideira, adicione os ovos batidos e frite até dourar. Em seguida, polvilhe o todo com queijo

Gruyère ralado e cebolinha picada. Enrole tudo com uma espátula e frite, coberto, até o queijo derreter.

62. Omelete com batatas, aspargos e

queijo

- preparação até 30 minutos
- porções 2

Ingredientes:

- 20 g de aspargos verdes
- 20 g de fatias de bacon defumado
- 20 g de requeijão de cabra
- 4 ovos
- 4 batatas
- 2 colheres de leite
- 2 dentes de alho
- 2 colheres de óleo

- 1 colher de farinha de trigo
- 0,5 colheres de chá de pimenta vermelha moída
- sal
- pimenta

preparação:

1. Lave os legumes e escorra a água. Quebre os ovos em uma panela, despeje o leite neles, adicione a farinha, tempere a gosto com uma pitada de sal e pimenta e bata bem com um batedor.
2. Despeje os ingredientes batidos em uma frigideira quente sem gordura e frite até que tudo esteja sólido. Em seguida, retire do fogo e coloque em um prato. Pique o bacon.
3. Descasque as batatas e corte em fatias finas. Descasque o alho da pele, corte em pedaços e frite em óleo quente em uma panela. Adicione as batatas picadas e os aspargos ao alho vitrificado.
4. Polvilhe os ingredientes com uma pitada de sal e páprica moída e frite até dourar. Em seguida, adicione o bacon picado e frite até que a carne fique dourada. Retire os

fritos do fogo e coloque-os em uma omelete em um prato.

63. Omelete com batatas, aspargos e

queijo

- preparação até 30 minutos
- porções 4

Ingredientes:

- 20 g de aspargos verdes
- 20 g de fatias de bacon defumado
- 20 g de requeijão de cabra
- 4 ovos
- 4 batatas
- 2 colheres de leite

- 2 dentes de alho
- 2 colheres de óleo
- 1 colher de farinha de trigo
- 0,5 colheres de chá de pimenta vermelha moída
- sal
- pimenta

preparação:

1. Lave os legumes e escorra a água. Quebre os ovos em uma panela, despeje o leite neles, adicione a farinha, tempere a gosto com uma pitada de sal e pimenta e bata bem com um batedor.
2. Despeje os ingredientes batidos em uma frigideira quente sem gordura e frite até que tudo esteja sólido. Em seguida, retire do fogo e coloque em um prato. Pique o bacon. Descasque as batatas e corte em fatias finas. Descasque o alho da pele, corte em pedaços e frite em óleo quente em uma panela.
3. Adicione as batatas picadas e os aspargos ao alho vitrificado. Polvilhe os ingredientes com uma pitada de sal e páprica moída e frite até dourar. Em seguida, adicione o bacon picado e frite até que a carne fique dourada.

4. Retire os fritos do fogo e coloque-os em uma omelete em um prato.

64. Omelete de tofu

Ingredientes:

- 40 g de tofu sedoso
- 40 g de milho em salmoura
- 2 ovos
- 2 folhas de alface roxa
- 2 tomates cereja
- 2 colheres de leite
- 2 colheres de óleo
- 1 colher de maizena
- um punhado de pequenas cebolinhas

- Sol
- pimenta

preparação:

1. Lave os legumes e escorra a água. Coloque a alface e os tomates em um prato.
2. Retire o milho da salmoura e despeje em uma tigela. Adicione o tofu e a cebolinha esmagados em pedaços pequenos.
3. Em seguida, despeje o leite nele, adicione a farinha de milho e adicione os ovos. Tempere a gosto com pimenta e sal e misture bem. Em seguida, aqueça o óleo em uma panela e coloque os ingredientes misturados.
4. Frite tudo até dourar dos dois lados em fogo médio, retire do fogo e adicione aos ingredientes no prato.

65. Omelete de carne

Ingredientes:

- 200 g de carne moída
- 3 colheres de óleo
- 2 ovos
- 2 colheres de sopa de molho de soja escuro
- 1 pimentão vermelho
- 1 tomate
- 1 pepino verde
- 1 cebolinha
- 1/2 colher de chá de mago
- sal
- pimenta

preparação:

1. Lave os legumes e escorra a água. Fatie o tomate. Descasque o pepino e corte-o também em rodelas.
2. Retire as sementes da pimenta e corte-a em cubos pequenos. Descasque as cebolinhas e pique-as também.
3. Aqueça o óleo em uma frigideira, adicione a carne moída, adicione o molho de soja, tempere com pimenta, sal, mago, misture e frite até que a carne mude de cor.
4. Em seguida, adicione pimenta picada e cebolinha e frite por 2,5 minutos. Quebre os ovos em uma panela, bata-os com um garfo e despeje-os nos ingredientes fritos.
5. Tempere com especiarias a gosto, misture e frite até que os ovos estejam completamente sólidos. Retire o alimento acabado do fogo e coloque-o em um prato. Em seguida, adicione o pepino fatiado e o tomate a ele.

66. Omelete com fígado de galinha

- Preparações 15 minutos
- Tempo de cozimento 30 minutos

Ingredientes

- 6 ovos
- 150 g de fígado de galinha
- 2 chalotas
- 3 colheres de azeite
- 1 colher de chá de salsa picada, 1 colher de chá de cebolinha picada, 1 colher de chá de estragão picado
- Preparo da pimenta-do-reino

1. Pare e corte em 4 os fígados de frango. Descasque e pique as chalotas.

2. Frite os fígados de frango no azeite e cozinhe por 3 a 4 minutos. Em seguida, reserve-as e refogue as chalotas em fogo bem brando. Misture-os com os fígados e reserve.
3. Bata os ovos, sal e pimenta-los. Cozinhe-os em uma omelete desleixada. Espalhe sobre os fígados de frango e ervas.
4. Dobre a omelete e coloque-a em uma travessa.

67. Omelete com gambas e cogumelos

- preparação até 30 minutos
- porções 2 Ingredientes:

- 5 camarões tigre
- 6 cogumelos
- 4 ovos
- 3 colheres de óleo
- 2 dentes de alho
- 1 pimentão vermelho
- 1 colher de farinha
- 1 colher de sopa de couve de leite para sal de decoração

□

□

- pimenta

preparação:

1. Lave os legumes e os cogumelos e escorra da água. Retire as membranas dos cogumelos e corte-os em fatias finas. Retire as sementes da pimenta e corte em pedaços. Limpe o camarão das partes não comestíveis.
2. Quebre os ovos em uma panela, despeje a farinha neles, despeje o leite e bata tudo com um batedor. Descasque o alho da pele, pique-o finamente e frite em óleo quente em uma panela. Adicione os camarões limpos e os cogumelos picados ao alho vitrificado, polvilhe com uma pitada de sal e frite por 2,5 minutos, coberto, em fogo médio.
3. Em seguida, despeje os ovos batidos nos ingredientes fritos, tempere a gosto com uma pitada de sal, misture bem e frite até que os ovos estejam firmes. Em seguida, tire tudo do fogo e coloque em um prato. Polvilhe o prato acabado com pimenta moída na hora e decore com couve e páprica picada.

68. Tortilha com omelete

Ingredientes:

- 15 g de presunto defumado fatiado
- 4 ovos
- 2 tortilhas
- 2 colheres de farinha de trigo
- 2 colheres de leite
- 2 colheres de ketchup picante
- 1 cebola

□

□

- 1 colher de óleo
  1 maço de cebolinha
  0,5 xícaras de água morna
- sal
- pimenta

preparação:

1. Mergulhe as panquecas de tortilha com água morna, depois coloque-as em uma frigideira quente sem gordura e frite por 40 segundos de um lado. Retire os fritos do fogo e coloque em um prato. Lave a cebolinha, escorra a água e corte em pedaços. Quebre os ovos em uma tigela, adicione o presunto picado em pedaços pequenos. Despeje a farinha, despeje o leite, tempere tudo a gosto com pimenta e sal e bata bem com um batedor. Descasque a cebola, corte em cubos pequenos e frite em óleo quente em uma panela. Despeje os ingredientes batidos na cebola vitrificada e frite até ficar firme (de um lado apenas). Em seguida, coloque tudo em tortilhas, despeje sobre o ketchup e polvilhe com cebolinha picada.

70. Omelete com salame e cebola

- preparação: até 30 minutos
- porções 2 Ingredientes:

- 15g de salame
- 4 ovos
- 2 colheres de sopa de azeitonas pretas em salmoura
- 2 colheres de farinha de trigo
- 2 colheres de leite
- 2 colheres de óleo
- 1 cebola
- 1 pepino verde de estufa sal pimenta

□

□

preparação:

2. Lave o pepino, escorra a água, corte em rodelas finas, polvilhe com uma pitada de sal e coloque num prato. Adicione o queijo coalho branco em fatias finas para ele. Quebre os ovos em uma tigela, adicione a farinha, o leite e bata bem com um garfo. Descasque a cebola da pele, corte em fatias finas, adicione aos ovos batidos com salame picado e misture tudo. Aqueça o óleo em uma frigideira e despeje os ingredientes misturados em uma colher. Tempere a gosto com pimenta e sal e frite primeiro de um lado, e quando os ovos estiverem firmes, vire e frite do outro lado até dourar. Retire a omelete frita do fogo, enrole e adicione aos pepinos. Adicione as azeitonas escorridas do picles.

71. Omelete de carne

- preparação até 30 minutos
- porções 2

Ingredientes:

- 200 g de carne moída
- 3 colheres de óleo
- 2 ovos
- 2 colheres de sopa de molho de soja escuro

1 pimentão vermelho

□

□

1 tomate

- 1 pepino verde
- 1/2 colher de chá de Maggi
- sal
- pimenta

preparação:

1. Lave os legumes e escorra a água. Fatie o tomate. Descasque o pepino e corte-o também em rodelas.
2. Retire as sementes da pimenta e corte-a em cubos pequenos. Descasque as cebolinhas e pique-as também. Aqueça o óleo em uma frigideira, adicione a carne moída, acrescente o molho de soja, tempere com pimenta, sal, Maggi, misture e frite até que a carne mude de cor.
3. Em seguida, adicione pimenta picada e cebolinha e frite por 2,5 minutos. Quebre os ovos em uma panela, bata-os com um garfo e despeje-os nos ingredientes fritos.
4. Tempere com especiarias a gosto, misture e frite até que os ovos estejam completamente sólidos. Retire o alimento acabado do fogo e coloque-o em um prato. Em seguida, adicione o pepino fatiado e o tomate a ele.

□
□

72. Omelete com queijo e brócolis

- preparação até 30 minutos
- porções 2

Ingredientes:

- 6 tomates cereja
- 5 g de queijo gouda ralado
- 4 ovos
- 2 colheres de farinha de trigo
- 2 colheres de leite
- 2 colheres de óleo
- 1 brócolis
- 1 cebola roxa

- couve para decoração
- sal
- pimenta

preparação:

1. Lave os legumes e escorra a água. Divida o brócolis em floretes, despeje 1 litro de água levemente salgada, cozinhe até ficar macio e escorra.
2. Quebre os ovos em uma tigela. Em seguida, despeje a farinha neles, adicione o queijo ralado, despeje o leite e misture tudo bem com um batedor.
3. Descasque a cebola da pele, pique-a e refogue em óleo quente em uma panela. Despeje os ingredientes misturados na cebola vitrificada, tempere com pimenta e sal a gosto e, em seguida, adicione o brócolis previamente cozido.
4. Frite tudo em fogo médio até que os ingredientes estejam completamente secos. Pronto para ser retirado do fogo e colocado em um prato. Decore tudo com tomate cereja e couve.

73. Omelete no pão com bacon e ervas

Ingredientes:

- 20 g de bacon defumado
- 6 fatias de pão amanhecido
- 4 ovos
- 1 colher de farinha de trigo
- 1 colher de chá de tomilho seco
- 1 colher de chá de manjerona
- 0,5 água morna
- sal
- pimenta

preparação:

1. Retire as crostas do pão amanhecido e umedeça-o com água morna em uma tigela. Coloque o pão embebido em uma forma de aro removível com 30 cm de diâmetro.
2. Corte o bacon em cubos pequenos e coloque em uma tigela. Despeje os ovos no bacon picado, adicione a farinha, a manjerona, o tomilho, tempere a gosto com uma pitada de sal e pimenta e misture bem.
3. Os ingredientes misturados despeje a forma de bolo com o pão e coloque no forno pré-aquecido a 170 graus. Asse até que os ovos estejam completamente coagulados, retire os moldes do forno e deixe esfriar um pouco.

74. omelete com cogumelos e espinafre

- preparação até 30 minutos
- porções 2

Ingredientes:

- 40 g de salgados frescos
- 4 colheres de manteiga
- 3 ovos
- 2 colheres de leite
- 1 punhado de espinafre fresco
- 1 cebola □ pimenta
- sal

preparação:

1. Limpe bem os cogumelos, lave em água corrente e corte em tiras compridas. Em seguida, derreta a manteiga em uma panela e adicione os cogumelos picados.
2. Cozinhe os cogumelos, cobertos, em fogo baixo por 20 minutos, mexendo ocasionalmente. Em seguida, adicione a cebola descascada e cortada em cubos e frite por 1,5 minutos. Lave o espinafre, escorra a água e adicione aos ingredientes. Quebre os ovos em uma panela, misture-os com leite, uma pitada de sal e pimenta e despeje-os nos ingredientes fritos.
3. Frite tudo até que os ovos estejam completamente densos. Em seguida, retire do fogo e coloque em um prato.

75. omelete com camarões e cogumelos

- preparação até 30 minutos
- porções 2 Ingredientes:

- 5 camarões tigre
- 6 cogumelos
- 4 ovos
- 3 colheres de óleo
- 2 dentes de alho
- 1 pimentão vermelho
- 1 colher de farinha
- 1 colher de leite
- couve para decoração

- sal
- pimenta

preparação:

1. Lave os legumes e os cogumelos e escorra da água. Retire as membranas dos cogumelos e corte-os em fatias finas. Retire as sementes da pimenta e corte em pedaços.
2. Limpe o camarão das partes não comestíveis. Em seguida, quebre os ovos em uma panela, despeje a farinha, despeje o leite e bata tudo com um batedor.
3. Descasque o alho da pele, pique-o finamente e frite em óleo quente em uma panela. Adicione os camarões limpos e os cogumelos picados ao alho vitrificado, polvilhe com uma pitada de sal e frite por 2,5 minutos, coberto, em fogo médio.
4. Em seguida, despeje os ovos batidos nos ingredientes fritos, tempere a gosto com uma pitada de sal, misture bem e frite até que os ovos estejam firmes.
5. Em seguida, tire tudo do fogo e coloque em um prato. Polvilhe o prato acabado com pimenta moída na hora e decore com couve e páprica picada.

76. Omelete marroquino

- Tempo de cozimento 15 a 30 min
- porções 4 ingredientes

- 2 colheres de azeite
- 2 chalotas (picadas finamente)
- 4 tomates (médios, sem caroço, picados)
- 1 colher de chá de Ras el-Hanout (mistura de especiarias marroquinas)
- 8 ovos
- 2 colheres de sopa de coentro (fresco, picado)
- sal marinho

- Preparação de pimenta (do moinho)

1. Primeiro, aqueça o azeite em uma panela (com cabo de ferro ou madeira). Frite as chalotas, adicione os tomates picados, tempere com ras el-hanout, sal marinho e pimenta.
2. Bata cuidadosamente os ovos na panela e frite no forno a 180 ° C por 8-10 minutos. Polvilhe a omelete marroquina com coentro fresco picado e flocos de sal marinho.

77. Omelete de queijo de cabra com manjericão

- Tempo de cozimento Menos de 5 min
- Porções de 4 ingredientes

- 4 ovos)
- sal
- pimenta
- 200 g de queijo (queijo de cabra)
- 2 colheres de sopa de manjericão (picado grosseiramente)
- 60g de manteiga

preparação

2. Bata os ovos numa tigela para a omelete de queijo de cabra, tempere com sal e pimenta e bata tudo muito bem. Corte o queijo de cabra em cubos e misture com os ovos juntamente com o manjericão fresco picado.
3. Aqueça metade da manteiga em uma panela, despeje metade da mistura de ovos e agite a panela para distribuir a mistura uniformemente. Reduza um pouco o fogo. Deixe a omelete endurecer lentamente, dobre-a ao meio e coloque-a em um prato pré-aquecido.
4. Prepare e sirva o segundo queijo de cabra omelete da mesma forma.

78. Omelete de alho selvagem

- Tempo de cozimento 5 a 15 min
- Porções: 4 ingredientes

- 1 punhado de alho selvagem
- 2 tomates de carne
- 1/2 Abobrinha
- 8 ovos
- 80 g Emmentaler (ou outro queijo de montanha)
- 2 ramos de tomilho
- 3 ramos (s) de salsa
- Manteiga
- Óleo de colza
- sal
- Preparação de pimenta (moída na hora)

1. Lave as folhas de alho selvagem com água fria, seque e pique finamente para a omelete de alho selvagem. Lave os tomates e a abobrinha e seque, retire as raízes e caules da abobrinha. Corte os legumes em cubos.
2. Aqueça um pouco de manteiga e óleo de colza em uma panela, refogue os legumes em cubos e o alho selvagem.
   Retire da placa de aquecimento.
3. Bata os ovos em uma tigela e tempere com as ervas finamente picadas, sal e pimenta. Agora

misture o queijo ralado grosso. Aqueça o óleo em uma panela grande e despeje a mistura de ovos. Deixe descansar um pouco, coloque os legumes cozidos no vapor por cima e dobre a omelete. Vire uma vez, divida em porções e sirva a omelete de alho selvagem em pratos.

79. Omelete de presunto e queijo

ingredientes

- 1 ovo
- 1/2 colher de farinha
- 2 colheres de leite
- 50 g Edam

- 1 fatia(s) de presunto (cortado em tiras finas)
- 1/4 colher de chá de tempero de pimenta
- sal
- manteiga
- 1/2 tomate
- 1 ramo (s) de salsa

Bata bem o ovo. Adicione o queijo, o leite, a farinha, o presunto e as especiarias e mexa bem.

2. Despeje a mistura de ovos em uma panela aquecida e untada e deixe descansar. Coloque as fatias de tomate por cima e aqueça por mais 1-2 minutos.
3. Decore com salsa.

preparação

1.

80. Omelete cottage

- Tempo de cozedura 15 a 30 min Ingredientes

- 3 ovos
- 1 colher de sopa de água (morna)
- 1 colher (sopa) de farinha
- um pouco de salsa (picada)
- 1 pitada de sal
- um pouco de pimenta
- 2 colheres (sopa) de cebola (assada)
- 1 punhado de bacon (cortado)

• 5 fatia(s) de queijo (picante) Para a omelete cottage, misture primeiro todos os ingredientes menos o queijo.

2. Aqueça um pouco de óleo em uma panela (20 cm Ø) e despeje a massa. Cubra e asse o lado de baixo marrom em fogo moderado. O lado de cima deve estar firme antes de virar.
3. Depois de virar, corte ao meio, cubra um lado com queijo e deixe o queijo derreter. Deixe a parte de baixo dourar novamente. Em seguida, dobre as duas metades da omelete da casa de campo.

preparação

1.

81. Omelete de batata com queijo

- Tempo de cozimento 15 a 30 min
- porções 4 ingredientes

- 1kg de batatas
- 2 cebolas (picadas)
- 50-100 g de bacon em cubos
- 50-100 g Gouda (cortado em cubos pequenos ou ralado)
- manteiga
- 6 ovos
- sal
- pimenta

Para a omelete de batata, cozinhe as batatas por cerca de 20 minutos, descasque-as e corte-as em rodelas.

2. Frite as cebolas e o bacon picado em um pouco de manteiga, adicione as batatas e frite até ficarem crocantes.
3. Misture os ovos com um pouco de sal e pimenta, misture os cubos de queijo e despeje esta mistura sobre as batatas. Frite até a mistura engrossar.
4. Retire a omelete de batata pronta da panela, decore com salsa se necessário e sirva.

preparação

1.

82. omelete com chanterelles

ingredientes

- 2 talos (s) de cebolinha
- 2 peças. Cebolas
- 2 colheres de manteiga
- 100 g de presunto (cozido)
- 400 g de chanterelles (frescos)
- Suco de limão)
- sal
- pimenta
- 1 pitada de noz-moscada
- 2 maços de salsa (picada)

Para as omeletes:

- 8 ovos
- 500ml de leite

- manteiga
- 2 maço de cebolinha (cortada)

preparação

1. Para a omelete com chanterelles, limpe as cebolinhas com os verdes e corte em tiras.
2. Descasque a cebola e corte em cubos finos. Cozinhe no vapor as cebolinhas e as cebolas na manteiga até ficarem translúcidas. Adicione o presunto cortado em pequenas tiras ou cubos às cebolas.
3. Limpe os chanterelles e corte-os em pedaços pequenos, conforme necessário. Regue com um pouco de suco de limão e adicione ao presunto. Tempere com sal, pimenta e noz-moscada e continue a fritar.
4. No final do tempo de cozedura, tempere novamente com gosto, junte a salsa e deixe pronto.
5. Para as omeletes, bata os ovos com o leite.
6. Asse as omeletes em porções. Para fazer isso, frite brevemente a mistura de 2 ovos cada na manteiga e depois deixe por 1-2 minutos com a tampa fechada.
7. Cubra com a mistura de chanterelle, bata e polvilhe com cebolinha e leve à mesa.

83. omelete com camarão

ingredientes

- 4 ovos
- 1/2 pau (s) alho-poró
- 1 maço de cebolinha
- 250 gr de camarão
- sal
- 1 colher de sopa de suco de limão
- 1 dente (s) de alho
- pimenta

preparação

1. Para a omelete com camarão, corte o alho-poró em pedaços pequenos.
2. Bata os ovos, adicione o alho-poró, sal e pimenta. Aqueça um pouco de manteiga em uma panela e adicione a mistura de ovos batidos.
3. Deixe repousar cerca de 3 minutos, depois vire a omelete brevemente e deixe cozinhar.
4. Aqueça um pouco de manteiga em uma panela separada.
5. Pique o alho e frite-o brevemente com o camarão. Tempere com sumo de limão, sal e pimenta e sirva a omelete com os camarões.

84. Omelete recheado com queijo feta

- Preparação: 40 minutos
- porções 2 ingredientes

- 1 chalota
- 4 ovos
- sal
- pimenta do moedor
- 4 colheres de sopa de queijo creme
- 2 colheres de mostarda
- 2 colheres de suco de limão
- 2 colheres de manjericão bem picado
- 2 colheres de manteiga
- 100g
- queijo feta

- manjericão

Etapas de preparação

6. Descasque e pique finamente a chalota. Ovos separados. Bata as claras com uma pitada de sal até ficarem firmes. Bata as gemas com 2 colheres de sopa de creme fraiche, mostarda, suco de limão e manjericão picado. Tempere com sal e pimenta, dobre as claras em neve.
7. Derreta metade da manteiga em uma frigideira antiaderente. Adicione metade da cebola e refogue. Adicione metade da mistura de omelete e cozinhe por 6-8 minutos até que a parte de baixo fique dourada e a superfície engrosse enquanto cobre a panela. Em seguida, retire a panela do fogão.
8. Espalhe 1 colher de sopa de creme fraiche na omelete e cubra com metade do queijo feta esfarelado, tempere com sal e pimenta e dobre a omelete com a ajuda de uma espátula.
9. Asse a segunda omelete da mesma maneira (possivelmente em uma segunda panela).
10. Coloque as omeletes em pratos e sirva guarnecidos com manjericão.

85. omelete com frutas

- preparação: até 30 minutos
- porções 2 Ingredientes:

- 6 ovos
- 1 colher de chá de farinha de trigo
- 0,5 xícaras de leite 2%
- sal
- um monte de cebolinha

FRUTA:

- 6 bananas
- 1 xícara de preparação de mirtilos:

3. Lave as bananas e bagas e escorra da água. Retire as pontas das bananas, descasque-as, corte a polpa em rodelas finas e coloque num prato.

Prepare uma omelete:

4. quebre os ovos em um copo, despeje o leite neles, adicione a farinha, uma pitada de sal e cebolinha picada. Misture tudo bem com um garfo, depois despeje em uma frigideira quente sem gordura e frite em fogo médio até que os ovos estejam completamente cozidos. Em seguida, retire do fogo e adicione as bananas no prato. Polvilhe tudo com mirtilos.

86. Omelete de espaguete

Ingredientes

- 5 ovos
- 150 g de espaguete
- 30 g de parmesão (ralado na hora)
- 30g de manteiga
- 1 pitada de noz-moscada (ralada)
- Sal marinho
- Pimenta

Preparação

1. Cozinhe e coe o espaguete de acordo com a embalagem, conforme necessário.
2. Bata os ovos em uma tigela. Junte o parmesão e tempere com sal, pimenta e uma pitada de noz-moscada.
3. Junte o espaguete cozido e mexa bem.
4. Frite metade da manteiga em uma panela e frite a mistura de macarrão em fogo dourado sem mexer.
5. Derreta a manteiga restante em cima da omelete. Vire a omelete e frite o outro lado até ficar crocante.
6. Porcione e sirva quente.

87. Omelete de ervas

Ingredientes

- 12 ovos
- 12 colheres de sopa de ervas (de sua preferência, lavadas e picadas)
- 6 colheres de manteiga
- 1 colher de farinha
- 1/8 l de leite
- sal
- pimenta
- 2 colheres de sopa de parmesão (ou outro queijo duro a gosto)

Preparação

1. Primeiro, derreta a manteiga em uma panela para a omelete de ervas e refogue suavemente as ervas em fogo baixo. Atenção: As ervas não devem dourar!
2. Enquanto isso, misture os ovos com sal, pimenta, parmesão, farinha e leite em uma massa de panqueca líquida. Despeje cuidadosamente sobre as ervas, mexa bem. Quando uma crosta firme se formar na parte de baixo, vire a massa e asse. (Adicione um pouco de manteiga a gosto, para que o outro lado também fique crocante.)
3. Disponha e sirva a omelete de ervas em pratos.

88. Omeletes frescos de jardim

Ingredientes

- 1 ⅓ xícaras de tomates picados grosseiramente, escorra
- 1 xícara de pepino sem caroço picado grosseiramente
- Meio abacate maduro, cortado ao meio, sem sementes, descascado e picado
- ½ xícara de cebola roxa picada (1 média)
- 1 dente de alho, picado
- Corte 2 colheres de sopa de salsa fresca
- 2 colheres de vinagre de vinho tinto
- 1 colher de azeite

- 2 ovos
- $1\frac{1}{2}$ xícaras de ovoproduto refrigerado ou congelado, descongelado
- $\frac{1}{4}$ xícara de água
- 1 colher de sopa de orégano fresco fatiado ou 1 colher de chá de orégano seco, triturado
- $\frac{1}{4}$ colher de chá de sal
- $\frac{1}{4}$ colher de chá de pimenta preta moída
- $\frac{1}{8}$ colher de chá de pimenta vermelha esmagada
- $\frac{1}{4}$ xícara de queijo feta esfarelado e com baixo teor de gordura

Preparação

1. Para a salsa, misture os tomates, pepino, abacate, cebola, alho, salsa, vinagre e 1 colher de chá de óleo em uma tigela média.
2. Bata os ovos, o ovoproduto, a água, o orégano, o sal e a pimenta preta em uma tigela média e esmague a pimenta vermelha. Para cada omelete, aqueça 1/2 colher de chá do óleo restante em fogo médio em uma frigideira antiaderente de 8 polegadas. Frigideira com 1/2 xícara da mistura de ovos. Mexa os ovos com uma espátula até que a mistura pareça pedaços fritos de um ovo cercado por líquido.

Pare de mexer, mas continue cozinhando até firmar o ovo. 1/3 xícara de colher de salsa sobre um lado da mistura de ovos fritos. Retire a omelete da frigideira; dobre o enchimento excessivo. Repita para fazer um total de quatro omeletes.

3. Sirva por omelete com um quarto do restante da salsa. Polvilhe 1 colher de sopa de queijo feta com cada omelete.

89. Torrada de abacate e omelete

Ingrediente

- 1 abacate médio maduro
- 2 colheres de sopa de suco de limão ou a gosto
- 1-2 cebolinhas frescas picadas
- 3/4 colher de chá de sal kosher ou a gosto
- 3/4 colher de chá de pimenta preta moída na hora, a gosto
- Pão artesanal de duas fatias (o pão grosso é mais eficaz e às vezes é chamado de "torrada do Texas" ou "rabanada")
- 2 colheres de manteiga sem sal
- 2 ovos grandes
- Saboreie sal e pimenta preta moída na hora

instruções

1. Adicione o abacate, suco de limão, cebolinha, sal kosher, pimenta preta moída na hora, amasse o abacate com um garfo e misture com um garfo em uma tigela média; deixou de lado.
2. Corte um círculo de 2,5 a 3 "com um cortador de biscoitos ou copo do meio de cada fatia de pão.
3. Junte a manteiga e cozinhe em fogo médio-baixo para derreter em uma frigideira grande antiaderente.
4. Anexe o ovo, as rodelas de ovo e cozinhe no primeiro lado até dourar, cerca de 1 a 2 minutos.
5. Vire tudo, quebre um ovo em cada buraco do pão e tempere os ovos com sal e pimenta.
6. Cubra a frigideira e cozinhe por 3 a 6 minutos até que os ovos sejam necessários. Cozinhe as rodelas de pão mais rápido que os ovos (em cerca de 1 a 2 minutos); retire-os da panela assim que dourar e coloque-os em uma travessa. Coloque o ovo em um buraco e coloque no prato.
7. Espalhe a mistura de abacate uniformemente sobre as fatias de pão e ovo e sirva

imediatamente. A receita é mais fresca e mais forte.

90. Omelete de abobrinha com ervas

ingredientes

- 300 g de couve-rábano pequena (1 couve-rábano pequena)
- 1 colher de sopa de vinagre de maçã
- 1 colher de chá de óleo de noz
- 2 ovos
- sal
- 125 g de abobrinha (0,5 abobrinha)
- 1 haste de endro
- 1 talo de salsa
- 1 mapa. tomilho seco

- pimenta
- 100 gr de tomate cereja
- 2 colheres de azeite
- 15 g de pinhões (1 colher de sopa)
- 10 g de queijo parmesão aplainado (1 colher de sopa; 30% de gordura na matéria seca)

Etapas de preparação

1. Limpe, lave, descasque a couve-rábano, corte em rodelas bem finas, misture e reserve com vinagre e óleo de noz.
2. Enquanto isso, bata, sal e bata os ovos em uma tigela. Limpe a abobrinha, lave e corte em fatias finas. Lave a salsa e o endro e seque. Pique a salsa e metade do endro, coloque o tomilho e a pimenta nos ovos e tempere com.
3. Lave os tomates com a cereja. Aqueça uma colher de chá de óleo em uma panela. Adicione os tomates cereja e refogue em fogo médio por 4 minutos. Retire, e reserve da panela.
4. Coloque as fatias de abobrinha na panela e refogue em fogo médio por 4 minutos. Despeje a mistura de ovos e deixe esfriar por 4-5 minutos.
5. Dobre a omelete, coloque a couve-rábano marinada em um prato e coloque ao lado.

Adicione os tomates e polvilhe sobre a omelete com os pinhões, o parmesão e o restante do endro.

91. Pão integral com omelete e feijão cozido

ingredientes

- 400 g de feijão cozido (enlatado)
- 3 talos de salsa
- 6 ovos
- sal
- pimenta
- 2 colheres de manteiga
- 200 gr de pepino
- 4° tomate

- 4 fatias de pão integral

Etapas de preparação

1. Coloque o feijão cozido em uma panela e aqueça em fogo médio.
2. Enquanto isso, lave a salsa, seque, pique finamente e misture com os ovos, sal e pimenta.
3. Aqueça a manteiga em uma panela untada. Adicione os ovos e deixe cozinhar em fogo médio.
4. Limpe, lave e corte o pepino em fatias finas. Limpe, lave e corte os tomates. Disponha o pão com feijão cozido, omelete, pepino e tomate.

92. Omelete de espargos e presunto com batatas

e salsa

ingredientes

- 200 g de batatas novas
- sal
- 150 gr de espargos brancos
- 1 cebola
- 50 g de bresaola (presunto bovino italiano)
- 2 talos de salsa
- 3 ovos
- 1 colher de óleo de colza
- pimenta

Etapas de preparação

1. Lave bem as batatas. Cozinhe em água fervente com sal por aprox. 20 minutos, escorra e deixe esfriar. Enquanto as batatas cozinham, descasque os aspargos, corte as extremidades inferiores lenhosas. Cozinhe os aspargos em água com sal por cerca de 15 minutos, retire da água, escorra bem e deixe esfriar. Descasque a cebola e pique finamente.
2. Corte os aspargos e as batatas em pedaços pequenos.
3. Corte a bresaola em tiras.
4. Lave a salsa, seque, arranque as folhas e pique. Bata os ovos numa tigela e misture com a salsa picada.
5. Aqueça o óleo em uma panela untada e refogue os cubos de cebola em fogo médio-alto até ficarem translúcidos.
6. Adicione as batatas e continue a assar por 2 minutos.
7. Adicione os aspargos e frite por 1 minuto.
8. Adicione a bresaola e tempere tudo com sal e pimenta.

9. Coloque os ovos na panela e tampe e cozinhe por 5-6 minutos em fogo baixo. Saia da panela e sirva imediatamente.

93. Omelete de queijo de cabra com rúcula e tomate

- Preparação: 15 minutos ingredientes

- 4 proteína(s)
- 2 ovos (s)
- 1 punhado pequeno de rúcula
- 2 tomates
- 1 colher de azeite
- sal
- pimenta
- 50 g de queijo de cabra jovem

Etapas de preparação

1. Separe 4 ovos e coloque as claras em uma tigela (use as gemas em outro lugar). Adicione os 2 ovos restantes e bata tudo com um batedor.
2. Lave a rúcula, seque e pique grosseiramente com uma faca grande.
3. Lave os tomates, corte as pontas do caule em forma de cunha e corte os tomates em rodelas.
4. Aqueça uma frigideira untada (24 cm) e regue com o azeite.
5. Adicione a mistura de ovos batidos. Tempere com sal e pimenta.
6. Asse um pouco em fogo médio (o ovo ainda deve estar um pouco escorrendo) e vire usando um prato.
7. Esfarele o queijo de cabra sobre a omelete com os dedos. Coloque a omelete num prato, cubra com rodelas de tomate e polvilhe a rúcula. A torrada integral vai bem com isso.

94. Omelete de queijo com ervas

- Preparação: 5 minutos
- cozinhar em 20 min ingredientes
- 3 talos de cerefólio
- 3 talos de manjericão
- 20g de parmesão
- 1 chalota
- 8 ovos
- 2 colheres de sopa de queijo creme
- 1 colher de manteiga
- 150 gr de queijo de ovelha
- sal
- pimenta

Etapas de preparação

1. Lave o cerefólio e o manjericão, sacuda e pique grosseiramente. Rale o parmesão. Descasque e pique finamente a chalota. Bata os ovos com o crème fraiche, parmesão, cerefólio e metade do manjericão.
2. Derreta a manteiga em uma panela que possa ir ao forno, frite a cebola, despeje os ovos e esmague o queijo feta. Asse em forno pré-aquecido a 200°C

   (convecção 180 ° C, gás: nível 3) por cerca de 10 minutos até dourar.
3. Retire do forno, tempere com sal e pimenta, polvilhe com o restante manjericão e delicie-se.

95. Omelete de atum

ingredientes

- 1 litro de leite
- 0,5 lata(s) de atum
- 0,5 cebolas (pequenas)
- um pouco de manjericão
- um pouco de orégano
- alguma preparação de sal

1. Bata os ovos com um pouco de leite para a omelete de atum e tempere com sal e pimenta. Aqueça o óleo em uma panela e adicione a mistura de ovos.
2. Deixe agir por alguns minutos. Em seguida, espalhe as rodelas de atum e cebola por cima. Por fim, polvilhe um pouco de manjericão e orégano por cima.

96. Omelete com bolo de carne

ingredientes

- 3 colheres de queijo (ralado)
- 1 fatia(s) de bolo de carne
- 1 cebola (pequena)
- sal
- cebolinha
- Preparação do óleo (para fritar)

1. Para a omelete com bolo de carne, primeiro quebre os ovos e bata. Em seguida, corte o bolo de carne em pedaços pequenos. Por fim, corte a cebola em tiras finas.

2. Aqueça o óleo em uma panela e frite o bolo de carne. Despeje os ovos por cima e deixe endurecer um pouco. Espalhe o queijo ralado, coloque as tiras de cebola e termine de fritar.
3. Tempere com sal e pimenta e polvilhe com cebolinha.

97. Omelete saudável

ingredientes

- 4 unidades de ovos
- 1 tomate
- 1 cebola (pequena)
- 1 dente (s) de alho (pequeno)
- Ervas (frescas, manjericão ou cebolinha)
- Especiaria de páprica
- sal
- Pimenta (moinho de anúncios)

preparação

1. Misture os ovos em uma tigela e adicione as ervas picadas, um pouco de páprica, sal e pimenta para a omelete.
2. Pique o tomate e a cebola. Agora frite as cebolas com óleo ou manteiga até ficarem translúcidas. Em seguida, adicione os tomates e o alho e continue a fritar brevemente.
3. Em seguida, adicione o conteúdo da panela aos ovos na tigela e misture tudo. Frite metade em fogo médio para fazer uma omelete.
4. Quando a omelete estiver frita de um lado (e virada), você pode polvilhar um pouco de queijo por cima, se quiser, e depois dobrar a omelete.
5. Em seguida, faça o mesmo com o restante da massa.

Por fim, disponha e sirva a omelete.

98. Omelete de pizza

ingredientes

Para a omelete:

- 3 ovos (orgânicos, m)
- 1 dose de água mineral
- 1 dose de leite (orgânico)
- 1/2 colher de chá de sal
- Pimenta (do moinho)
- 1 colher de chá de manteiga (orgânica)

Para cobrir:

- 1 unidade de tomate (orgânico)
- 50 g de queijo feta (orgânico)
- 1/2 mussarela (orgânica)
- manjericão
- Ervas (à vontade)

preparação

1. Corte os tomates e a mussarela em fatias, esfarele levemente o queijo feta, corte grosseiramente o manjericão em tiras. Pique as ervas frescas. Bata todos os ingredientes para a omelete.
2. Aqueça a manteiga em uma panela menor, despeje a mistura de ovos e deixe descansar. Quando a mistura de ovos endurecer, vire com cuidado e frite brevemente do outro lado.
3. Pré-aqueça o forno a aprox. 200 ° C calor superior/inferior. Coloque a omelete pronta em uma assadeira forrada com papel manteiga.
4. Cubra a omelete com os ingredientes restantes e leve ao forno por cerca de 10 minutos até o queijo derreter.
5. Disponha e sirva a omelete de pizza.

99. Omelete de maçã e bacon

- Tempo de cozimento 5 a 15 minutos
- Porções: 2 ingredientes
- 6 ovos
- 70ml de natas batidas
- sal
- Pimenta
- 1 colher de chá de cebolinha
- 1 maçã
- 150 g de preparação de bacon

1. Para a omelete de maçã e bacon, frite levemente o bacon fatiado em uma panela, retire da panela e reserve.

2. Retire o miolo da maçã e corte em rodelas aprox. 4mm de espessura. Frite também na frigideira.
3. Misture os ovos com o chantilly e os temperos entre eles. Coloque as maçãs e o bacon de volta na panela, despeje a mistura de ovos sobre ela e deixe em fogo médio com a tampa fechada.
4. Tempere com pimenta fresca ralada.

100. Omelete vegano

- Tempo de cozimento 5 a 15 min
- Porções: 2 ingredientes

- 1 cebola
- 400g de tofu
- Preparação de legumes (a gosto)

1. Para a omelete vegana, corte a cebola em pedaços pequenos e frite em óleo. Frite vegetais (tomate, pimentão, cogumelos, etc.).
2. Purê o tofu com uma pitada de primo de soja ou água, sal, pimenta ou açafrão. Dobre o tofu em puré, sele-o e sirva a omelete vegana com brotos frescos.

CONCLUSÃO

Lembre-se de que essas receitas são únicas, então esteja preparado para experimentar algumas coisas novas. Além disso, lembre-se de que o estilo de cozimento usado neste livro de receitas é simples. Então, mesmo que as receitas sejam únicas e deliciosas, elas serão fáceis de fazer!

CPSIA information can be obtained
at www.ICGtesting.com
Printed in the USA
BVHW010904300722
643329BV00023B/603